忆往与省今

古人倡导立德、立功、立言，立言是人生最高境界。将人生阅历和思想以文字方式记录下来，于个人是纪念，于他人是感恩，于历史是记录。

李志 著

哈尔滨出版社

图书在版编目（CIP）数据

忆往与省今 / 李志著. —哈尔滨：哈尔滨出版社，2013.11

ISBN 978-7-5484-1590-9

Ⅰ. ①忆… Ⅱ. ①李… Ⅲ. ①散文集—中国—当代 Ⅳ. ①I267

中国版本图书馆CIP数据核字（2013）第 238633 号

书　　名：忆往与省今

作　　者：李　志　著

责任编辑：陈春林　任　环

责任审校：李　战

封面设计：易海军

出版发行：哈尔滨出版社(Harbin Publishing House)

社　　址：哈尔滨市松北区科技一街 349 号 3 号楼　　邮编：150028

经　　销：全国新华书店

印　　刷：哈尔滨市石桥印务有限公司

网　　址：www.hrbcbs.com　　www.mifengniao.com

E-mail：hrbcbs@yeah.net

编辑版权热线：（0451）87900272　87900273

邮购热线：4006900345（0451）87900345　或登录蜜蜂鸟网站购买

销售热线：（0451）87900201　87900202　87900203

开　　本：787mm × 1092mm　1/32　印张：6　字数：200千字

版　　次：2013 年 11月第 1 版

印　　次：2013 年 11月第 1 次印刷

书　　号：ISBN 978-7-5484-1590-9

定　　价：28.00 元

1990年在西安碑林

与老伴在承德

与老伴在崂山

与老伴在三亚

2010年在日本

与老伴在杭州

2011年老伴在香港

与老伴在太原晋祠

老伴和她的三位学生薛林、孙磊、戴怡

与老伴在老家自建的小楼院内

全家福

重孙浩浩

四孙霄道

与老伴和儿子们在一起

序　言

这些年来，不少人劝我写写自己和家人，给社会和后人留些纪念。一说我从教多年，在教育上有不少真知灼见和实践经验，尤其对邯郸教育有一定的贡献，应该多有总结；二说我教子有方，四个儿子个个成才，个个优秀；三说我修养深厚，阅历丰富，对社会、历史、文化，以及人生诸多方面，有所思考，且认识深刻、见解不凡。如此种种，某一天随人而去，实在可惜。

对于这些高评过誉，我是清醒的。我既不高，也不深，亦没有那么超凡脱俗，不过是寻常人而已。但对大家关于写书的种种建议和期待，我还是反复斟酌过，最终还是决定动笔试试。原因有三：一则有益于锻炼大脑，有益于健康；二则教益后人，有所传承；三则于社会也是存留纪念。所写内容也尽量做到真实，多写一些过程，既写出亮点，也写点教训，既有回忆，也有愿望，算是对自己一生有所交代吧！

我之一生，最关注和着力的，奉献最多的是什么呢？当然是家，是国。这是人的一种本性，也是人存于世的大主题。随着年高病多，近年来，此种认识日渐突显出来，并见之以行动。

首先，我认为，现在的家庭，是家族有史以来，最兴旺、最富有、最幸福的阶段。应该千方百计加以巩固和发展，使之源远流长。同时，我认为今天的中国，也是中华民族有史以来，特别是近代以来，最强盛、最进步、最有生机的时期，应同心一致维护、建设和发展，使

其万古长青。

其次，我认为，现在家庭仍有不少缺失，应该加以完善，当下及未来依然有种种问题，需要面对和解决。诸如“富贵日子怎么过？”“第三代如何教育？”“如何积德行善？”“怎么进一步发展？”“如何避免富不过三代的魔咒？”等。

国家之事也是如此，有许多难题摆在国人面前，譬如“如何形成共识，振兴民族？”“传统文化如何继承发扬？”“如何阻止道德水平的持续下降？””如何真正实现共同富裕？”“如何做到长治久安？”以及信仰危机、道德危机等深层次的问题。

第三，我认为，建设幸福百年之家，建设美好万世国家，需要一代又一代的努力，需要每一个人都像愚公那样挖山不止。当世每个人都要生命不息，奋斗不止，献身家国。

基于以上认识，我拿起笔，零碎记述一生中的一些人和事，并就历史和现实问题，表述自己的真实想法。因文笔有限，又年老多病，所写内容难免有些缺失、不当和错误之处，一表遗憾，二请谅解。

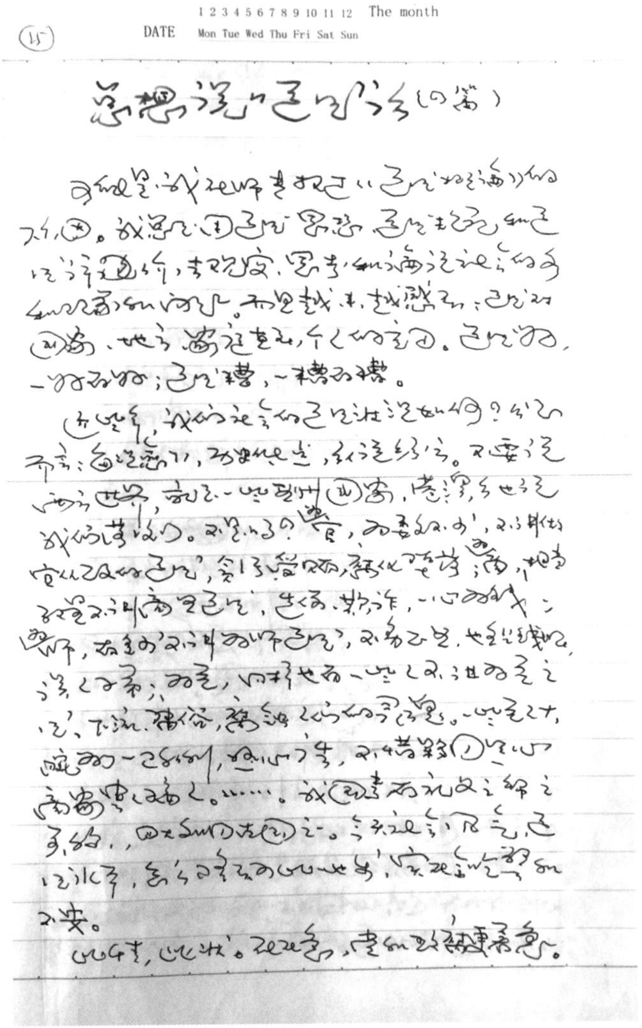

我的钢笔字手迹

目录

上篇：我的人生经历 / 1

目录

目录

上篇

我的人生经历

1937年农历四月初七，我出生于冀南平原肥乡县东贾北堡村。那天早晨，太阳从东方升起，火红火红的，我在母亲的痛苦声中呱呱坠地。爷爷、奶奶和周围邻居围着我议论纷纷，说我长相不俗，定是有福之人！爷爷费尽心思，给我起了一个『唐生』的奶名儿。

我出生当年的七月，日本人制造『卢沟桥事变』，大举侵略中国。彼时中国名义上是统一的国家，实则四分五裂，内忧外患。幼时的记忆已经模糊，记忆里，最清晰的就是家乡的村庄。

家乡故土

1937年农历四月初七，我出生于冀南平原肥乡县东贾北堡村。那天早晨，太阳从东方升起，火红火红的，我在母亲的痛苦声中呱呱坠地。爷爷、奶奶和周围邻居围着我议论纷纷，说我长相不俗，定是有福之人！爷爷费尽心思，给我起了一个“唐生”的奶名儿。

我出生当年的七月，日本人制造“卢沟桥事变”，大举侵略中国。彼时中国名义上是统一的国家，实则四分五裂，内忧外患。幼时的记忆已经模糊，记忆里，最清晰的就是家乡的村庄。

我的家乡人烟稀少，户不上百，总人口也不到四百。因地处偏僻，百姓生活算是安定，兵匪少见。村东南至肥乡县城18华里，村北至永年广府25华里，村西至邯郸市45华里。全村东西一条长街，又有一条南北小街，另挂着一个有几户人家的后拐子。村东头有关帝庙，西边有土地庙，南边有奶奶庙，北边有一座很大的孤桌寺。村人大多信神，烧香拜佛，习以为常。

村庄一马平川，既无丘陵，也无洼地。土改时，一个光棍便可分20亩地，可想当时是多么地广人稀。如今周围十里八乡的人均土地，都没有我们村的多。

我村的土地多为红色胶泥，土质黏。一下雨，路面就泥泞不堪，行走艰难，不出几步，脚便深陷泥里无法自拔。干起农活来更是费劲，俗语“湿了黏，干了硬，不湿不干弄不动”，便是这里农事不易的写照。村中除了玉米、小麦、豆类、高粱，以及偶尔种点儿棉花外，几乎没有别的农作物。

村庄环境优美，一年中有三季都在绿树环绕之中。记忆中有杨、柳、桑、梨、桐、槐、枣等各种树木，既有成片的，也有杂生的；尤其是枣树，更是到处都有，品种繁多。

村周围有几个长满苇子的大坑，深不敢入。周围聚集了各种鸟类，有布谷鸟、黑喜鹊、贼傻鸡、红殿鸽、啄木鸟、燕子……水里的青蛙，空中的蜻蜓，翩翩起舞的蝴蝶，还有各种虫的鸣叫，构成的环境真是美极了。秋凉时节，北雁南飞，“人”字结队，嘎嘎而叫，高飞蓝天，更使这里格外壮美。至今我还常常想着这种情景，陶醉其中。

时过境迁，一个村庄就如同一个人、一个家庭，也有兴盛与衰落。一百年来，我的家乡东贾北堡村也走出了好、差、火的发展曲线。

清朝末年，村里出了一些富户，生活达到小康水平，砖房处处可见。有几户人家请长工，雇短工，惹得周边村庄的人羡慕，多愿将女儿嫁到这里。民国时期军阀混战，后又日寇入侵，国共鏖战，解放后又经历大跃进、人民公社化运动、“文化大革命”，村子逐渐衰败。数十年间无一间砖房盖起，女孩外嫁，媳妇难娶，光棍逐年增加，人口不升反降。

村庄衰败，有多种因素，我总结了三点：

一、教育不兴，文盲执政。好些年，村里不重视学校，各户不送孩子读书，想找个初中、高中毕业生都难，村支书一茬接一茬都是文盲，如何能带领群众致富？

二、民风古板，保守封闭。群众只知种地，不懂经商。只要不饿肚子，都不出窝，不去看看外面的世界。

三、懒散有余，勤劳不足。从我幼年记事起，直到20世纪七八十年代，一到冬天，人们都靠在土墙边，晒太阳，扯闲话，根本不思劳作。有几年我回乡向他们介绍如何利用闲置土地，大搞植树造林。村支书却说，“种树什么时候才能有收获？到时候我们都见上帝了！”

改革开放以后，尤其是近十余年，村庄又火起来了，新房新院处处可见，年轻人外出打工，娶妻生子，繁衍生息，越来越兴旺。也有一些青年人求学进取，研究生、博士生也逐渐多了起来。

我的祖上，是明永乐初年从山西省潞安府襄垣县多店里马显村迁来的，至今已有22代。最初是兄弟两人，现在已繁衍到四百多口人。

我家老太爷李修己，在我出生前就已过世了。族中人都说他命硬，前后娶了五位老奶奶。他勤劳能干，有心计，以养鸽子、卖鸽粪起家，置办土地三百多亩、庄宅两院，虽不奢华，但青砖白灰，十分体面。还有宅基一处，以及苇坑、树林多处，日子过得十分殷实。

老太爷膝下有三男三女。我爷爷李步云为老大，三爷爷李际云是老生儿子，比我父亲还小不少，侄子们一个一个过世，他还活了许多年。老太爷过世前，给儿子们分家，老大老二每人土地一百多亩，现成宅院一处。我小时候，街中路南，坐南朝北的一处进深宅院，就是老太爷分给的，里面住着我爷爷和他的三儿九孙，二十多口人，十分拥挤。

我爷爷李步云，字登霄，外号老登子，少读私塾，后进学堂接受现代教育，人称洋秀才，名扬乡里，令人生羡。日本侵略中国之前，曾当过村长。他坐馆教书多年，在北河堡刘家寨时间最长。

爷爷个性鲜明，名闻乡里。他一生无心生财，不置地，不建房。爷爷家底不错，又有文化，却一辈子一亩地没买，一间房不盖，反而将祖辈分下来的地卖了几十亩，我的父辈都很疑惑。其实原因很简单，他看透了中国历史发展的路径，认为共产党必胜，如果发家致富，会使后人受罪。也正因如此，土改时我家被划成了中农，后来没有为成分所累。

爷爷倡导自我成才，不把严管严教看成是子孙出息的必由之路。小时候，他很少问我们的学习。有一次，我求他教我打算盘，一遍下来没学会，又教了一遍，仍有不懂。他生气了，拄起拐棍就走。第二天，我学会了，打给他看。他笑着说，读书不是勉强的事，应该是自愿，自己感兴趣，只有愿意学习的孩子，才有可能成才。他对我父亲说，小四学习主动，要多留心培养。

但也因这“自然成才论”，爷爷没有在三个儿子、九个孙子的读书上付出太多的心血，所以我之上的三儿七孙，文化程度都不高，自然难成才，难出息了。

爷爷为人耿直，处事公正。他在北河堡坐馆教书时，父亲跟随他读书。父亲多次回忆说，当时许多家长和学生都讨好先生，每天早上总有人送油条，送红薯，晚上送香肠、烧饼。可爷爷对学生依然十分严苛，一点也不留情面。十里八乡的人家都知道爷爷性格耿直，找他管事的人也特别多。

一位叫刘永峰的学生说，先生对他十分严厉，小时候恨先生，长大以后懂事了，才深感先生对自己的好。他在距我村七里路的南中堡集上卖染料，十天四个集，一个集不见爷爷，就让人捎信来请。后来，爷爷每集必到，到后他就先茶后饭，招待得甚是周到殷勤。

爷爷终年73岁，葬于祖坟。多年来，我弟弟李儒尽孝，年年在坟上添土烧纸。李儒在我们叔伯兄弟中排行老九，奶名儿九生。爷爷晚年对他多有疼爱。当年他长了满头黄米疮，多处寻医不愈。爷爷为此四处托人，寻找偏方，最终用芥末等配出了药膏，治好了他的头疮。弟弟对爷爷终生感念。

我父亲李梦花，共兄弟三人。大伯李梦庚，二伯李梦月，都在乡务农，过着贫苦的日子。大伯有两子，老大李吉，老二李长生；二伯有三子，老大李普，老二李贵，老三在六七岁时饿死了，这一家已经没有后人。

我对大伯印象颇深，至今还清晰地记得他的样子。他身体健壮，方脸红颜，喜欢养鸟。他养的那些画眉、百灵、靛鸽叫声十分动听。大伯卖花生、咸豆、烧鸡和香肠，时不时地给我们尝尝鲜。他对孩子，尤其是对我特别关爱，从不板着脸。上初中时家中困难，缺钱，他让我去他的桃园摘桃子卖。如此一位好心的长辈，可惜在1956年因心肌梗死，早早离去了。

父亲一辈，数我父亲最为能耐。他和母亲养育了五男一女，置地20亩。一家人种50多亩田地。耕种之余，还卖过粽子、西瓜，做过米贩子。我母亲亦是勤俭能干，不但织布缝衣，安排家务饭食，还帮父亲耕田种地。她做的饭食味美，花样繁多，至今为后人和邻里所称道。

苦之记忆

从1937年出生至1949年解放的12年间，我的童年和少年，都是在东贾北堡村度过的。因战乱及自然灾害的影响，我家生活困难，童年受苦多多，欢乐少少。

首苦是“吃”的苦。糠菜半年粮，那个年代广种薄收，家中地不少，可收成少得可怜，一年收5000斤粮食就算不错了。油盐酱醋、人情世故、看病吃药，都指望这点儿粮食。真正食用的不过3000斤左右。“半大小子，吃死老子”，家中五个男孩儿，个个都如饿虎一般。每年加糠吃菜，也很难维持到第二年春天。春天一到，野菜长出来了。刺菜、趣芽、猪毛菜、灰灰菜，还有各种能吃的树叶，都成了美味。

一年之中能吃不掺菜的干粮，唯有过年、端午和中秋。1942年特大旱灾，赤地千里，颗粒无收，1943年又遇特大蝗灾，只收了点儿绿豆、豇豆。全家唯有借高利贷，卖东卖西，上顿下顿吃野菜，艰难度日。至今我对菜，有一种难以言说的感觉，就是那时吃伤了。

小时候，能吃上一块红薯，一个咸鸡蛋，都是最幸福的事情，能吃上块肉更是美味，更是刻骨铭心。

冬天清晨，公鸡叫过两遍，卖红薯的就开喊了："红薯——红薯——热不哒哒的红薯，快来称啊，快来买呀！"每到这个时候，我们都睡不着了，在被窝里折腾来折腾去。偶尔打打闹闹，就是想让父亲去买红薯。

父亲偶尔也破例给买，一边给我们分红薯，一边唉声叹气。那红薯只有指头那么粗，细长细长，红紫红紫，热腾腾，香甜甜，味道真是美极了。每次我都在被窝里用手抚来摸去，用鼻子嗅来嗅去，用舌头舔上舔下，就像猫吃老鼠一样，折腾够了，才慢慢地，一小口一小口地吃掉。至今我犹爱吃红薯，原因就在此。

母亲在家中养了20来只母鸡，春天母鸡下蛋，咯哒咯哒，令人喜欢。可一般来说，这些鸡蛋无论是炒着吃、煮着吃，还是做鸡蛋汤，都没门儿！没病没灾的，谁都别想吃到鸡蛋。这些鸡蛋是一大家子的针头线脑、称盐打油的钱源哪！

唯一例外的是端午节。每年三月底母亲总要腌上一小罐咸鸡蛋，大约四五十个。端午节快到时，鸡蛋也快腌好了，我们弟兄几个总爱去摸摸那只罐子，揭开盖看看里面的鸡蛋，口中淌着口水期盼着。

等到端午这一天，咸鸡蛋到手了，可就是舍不得吃。一边玩，一边准备吃它的席篾，小心翼翼地从尖的一头，开出一个小口来，用席篾一点一点挖着吃。“流油了——流油了——”，兄弟们大声大声喊着。流油的咸鸡蛋，是最好最香的。我舍不得一次将整个咸鸡蛋吃完，总是留一半儿第二天再吃。为此，父亲母亲还夸赞我，说我有心，会过日子，以后一定有出息。

人老了，爱吃什么，不爱吃什么，一般都能在童年找到原因和影子。我到现在还爱吃咸鸡蛋、红薯、玉米、花生，都是从童年开始的。

苦之其次是“住”的苦。那个年代，农民都是先置地后修房。父母也不例外，他们在30岁前买了20多亩地，却没盖间砖瓦房。我幼年时候，除大哥结婚，住在爷爷给的三间瓦房里外，其他人都住泥棚子。泥打墙，坯垒墙，上边蓬上高粱秆、柴火，泥在顶上厚厚一压，就是房子了。一到下雨天，尤其是连阴雨，房子到处都漏。锅、碗、盆都用来接水还不够，滴滴答答，没有一处安身睡觉的地方。真是“床头屋漏无干处，雨脚如麻未断绝”。

一年夏天，天降大雨，嫂子回了娘家。我们所住的老房雨漏不停，便暂时搬到那间瓦房里，不料夜里老屋倒塌了。爷爷、奶奶、大伯、大娘都说我们命大，神灵保佑，避开了大祸。此种居住状况直到20世纪70年代才有所改善。

苦之三是“穿”的苦。那个年代，孩子多，又淘气，母亲织布缝衣，无论如何也是顾不过来的。所以夏少单，冬缺棉是不可避免的。当时的气候与现在有所不同，夏天有大雨，冬天连日的鹅毛大雪，家里无钱生火，几乎年年冬天都冻手冻脚。一到冬天，耳朵手脚冻得发痒，流着鼻涕，淌着口水，两只袄袖擦鼻子擦得黑亮黑亮的，硬得像油布一般。

就是这样的日子，一家人艰难度过。1947年，大哥李敏患上了肺结核，七治八治，卖了牛也没治好，于1948年去世，年仅28岁，丢下一儿一女，家里光景更是不好过了。

这是那个年代、那个地方，一个多子中农家庭的真实写照，没有任何夸张。

天灾人祸

苦难源于天灾，也因人祸。

20世纪40年代北方灾祸连连，1942年的旱灾，1943年的蝗灾，深深印在我的心中，至今依然噩梦不断，重现那些百年不遇的凄惨景象。

1942年我刚5岁，那年春天无雨，夏天大旱，遍野红土，地无禾苗，连特别耐旱的麻仁菜都低垂枝条。水坑干了，水井枯了，地里面除坟头上长点东西以外，都寸草不生，甚至连野兔都无法存活。我叔伯哥长生常在烈日下撵兔子，见一只抓一只，只因地面太热太烫，兔子蹄无法着地，跑不起来。

那个年代，天旱无雨能怎么办？毫无办法！只有求神拜佛，寄希望于上苍了。五月底六月初，村里人商议要“抬爷”。所谓“抬爷”就是每天从关帝庙将关老爷抬出来，放在搭好的神棚里，烧香摆供，跪拜祈祷，跳姑娘舞，以求关老爷显灵，下雨止旱。

回想起来，姑娘舞也十分特别。男子化彩妆，手执扇子和马鞭，伴着鼓声跳着扑蝴蝶舞，让关老爷观赏。高潮之处，嘘声、歌声，身抖、身婵，各姿各态。

然而，“抬爷”也未抬出雨来，那年几乎颗粒无收，无存粮的家庭，都陷入了饥饿之中。

然而祸不单行，大家远未料到，第二年又来了个惊天动地的大蝗灾。

1942年大旱，地歇了一年，1943年春雨及时，夏雨巧下，地里禾苗茁壮、生机勃勃。印象中谷子长得都有一米多高，然而就在谷子秀穗，玉米吐缨时，蝗虫来了。先头部队不过是一些无翅膀的小蝻子。聚成球状，滚着往前走。村里人在地里挖沟掩埋，放柴点火，用火烧掉，或者用旧鞋钉拍拼命拍打。各种迷信也派上用场，各家各户在谷子地里烧香求神。

随后大队蝗虫飞来了，可谓遮天蔽日。印象中是正午以后，蝗虫飞来时，天一下就暗下来。鸡本来是吃蝗虫的，正吃得起劲时，却发现情势不对，吓得惊飞起来，咯咯怪叫。现在想来都觉得恐怖。

天上飞的，地下跑的，到处都是蝗虫。蝗虫的颜色多样，绿的、黄的、灰的、土色的，遍地横扫。除豆科禾苗外，连野草野花都一律吃尽扫平，田间地头惨不忍睹，四处都是沙沙的吃声。玉米的根、秆、穗、叶都爬满了蝗虫，咬叶的咬叶，咬穗的咬穗，咬根的咬根，吃光吃尽，无一例外。此时拍打已不管用了，挖沟也不行了，刚一挖完就被蝗虫填平了。

除豆科作物外，蝗灾使其他粮食颗粒无收，那些未种豆科作物的家庭两手空空，哭天抢地。1942年旱灾时将树皮都吃光了，第二年唯有向草根、干野菜叶下口了。

河北当时正处于日寇占领区，国民政府早跑了，日军只知烧杀抢掠。共产党虽有游击队活动，但势单力薄，孤掌难鸣。农民只能自己拯救自己，熬过了生，熬不过死。

电影《1942》拍的就是当时的场景，不过讲的是豫北地区，与河北南部相连。但拍得还不够真实，不够深刻。村子及周围逃荒的并不多，地主逃荒更是少见。当时殷实人家吃饭虽受到影响，但基本上还能维持着，每餐加上野菜、树皮，也能勉强度日。

蝗虫不吃豆类作物，当年我家谷地里种有豇豆，玉米地种有绿豆，蝗灾过后，这些豆类反倒都长得特别好。

1943年以前，我家还能时不时吃上豆面糊、豆面干粮、豆面面条。到了1944年春天，也断粮了，只有吃干野菜充饥。我家弟兄五个，一个姐姐。都是长身体的年龄，一家八口人，一锅水，几团子干刺菜，几把面，和出粥来，就是一餐了。即便如此，依然常常断顿。

有一次，万般无奈，父亲就想将喂牲口用的铡床拿去卖了换米，大家眼巴巴期盼着，结果却没有人要，空欢喜一场。还有一次，家里没有什么可卖的了，就想将烧水用的锡壶拿去换吃的，也落空了，到头来还是以干菜汤充饥。

干菜是什么？1943年蝗虫将所有的青菜都吃完了，连野菜也没有了，剩下的是一种叫刺儿菜的植物。蝗灾过后，茎干叶老，落在地上，上面还带刺。我们就把这菜叶从地里捡来，放在锅里煮着吃。刺儿菜扎嘴，难以下咽。

至今我还讨厌豆面，当时豆子收了，整天都是绿豆面，吃得人都怕了；现在我还讨厌葡萄，以及那些圆形的东西，包括玻璃球之类的，这也与这次饥荒有关。当时的确是饥饿难耐，就去采苦楝子来吃。吃了后恶心呕吐，将人都吃伤了。

我奶奶因为吃糠，大便下不来，长生哥用挖耳勺一点一点地掏，真是苦不堪言。后来一添别的病，就死了。

二伯父由于头年卖粮买地，又加上1943年没种豆子，颗粒无收，就更无法度荒。二伯父与两个哥哥往山西逃荒，剩下二伯母和一个小弟弟。二伯母出去讨吃的，将小弟弟锁在北屋里，小弟弟整天扒着门缝哭叫，最后饿死了，不久二伯母也饿死了。

那个年代逃荒的很多，一般都往山西去。山西那边比较殷实。留下的人饿死不少，总是看到今天这家埋人，明天那家埋人，埋人也只是随便用席子一卷，根本用不起棺材。幸好没有瘟疫，如果有瘟疫，会死更多人。

那两年，孩子们也不爱动了，夏天不像以前到处疯野，冬天更是要找个背风的墙根晒太阳。我家邻居有兄弟俩：老海和小四。他们骨瘦如柴，肚子显得特别大，肚皮薄得在太阳光下都能看出内脏来，真正的皮包骨啊！他们妈向我娘讨菜粥给他们喝。央求道："他婶子，叫孩子喝一点吧，你看他们都快饿死了，真是太可怜了。"

我年纪尚小，只知道本村饿死这个，饿死那个，卖儿卖女，还听说吃死人、吃活人，也不知道这饥荒年月到底饿死了多少人。我们弟兄五个，都能活下来，不得不相信天命——地里种了豆子，还有父母的操劳和辛苦。

经历过这场灾荒，后来1960年的饥荒、1963年的水灾，我都处变不惊地过来了。

自然造成的灾荒、饥饿、死亡，只能怨天，不能尤人；而1960年的灾难，很大程度上是人的过错。

1958年我正读高中，赶上了“大跃进”。当时要赶超英美，全民炼钢，将所有的树都砍了、烧了。我们村原来枣树很多，又粗又壮，结果大都锯掉了。

当年农历九月，我们六位同学一起去深山拉荆条，用来编筐子。几个人一起拉着两辆排子车，从邢台向太行山深处将水一带进发，晓行夜宿，来回四天。

这次往返，一路上走到哪里就吃到哪里，村村寨寨的老乡都说：“吃吧，咱共产主义了，还讲啥你我，讲啥农村城市，工农兵学商都是一家人。”食堂里剩饭剩菜处处都是，浪费严重。一路上走到哪里就住到哪里，沿路的老乡比较淳厚，都选好房子、新被褥给我们。他们说：“时运变了，天下共了。楼上楼下，电灯电话也快有了。不招待好你们，就显得我们的觉悟低了。”

我们一路所见，除了山景，就是摘收不净的棉花、果子和秋粮，玉米、红薯丢得满地都是。山里边到处都是柿子，正是泛红的时候，可以随便摘随便吃。

事实上，1958年到1960年这三年并无旱灾，也没有虫灾、水灾，而到1960年就没粮食吃了。究其原因，一是由于大炼钢铁，土地缺少精耕细作，产出水平低，亩产上不去；二是1958年到1959年大兴水利，农村劳动力都被调出去了，剩下老弱病残没有能力收庄稼，粮食棉花多烂在地里，该收的没收回来；三是公共食堂浪费严重，大家都以为进入共产主义了，全国一口锅，吃喝不用愁，就可以大手大脚，大吃大喝。该收的浪费掉了，这样来回折腾两年，怎么能不饿肚皮呢？

经历过20世纪40年代的大饥荒，面对20世纪60年代的灾难，我变得坦然很多。当时我已上了师专，虽然很饿，但没那么要命。学校最低粮食指标是23斤，一些同学饿得不行，就去食堂里偷，将学校领导喂的羊偷杀了，结果被打成反革命抓起来了。

1960年寒假，我报名护校未回家。我与老师们关系很好，几位南方的老师回老家，就将他们从食堂领的饭票、馒头票给了我。我只吃米饭、喝稀饭，将馒头饺子在火上烤干，节后回家带给家里人吃。家里当时的情况很是艰难，在食堂吃野菜和萝卜缨子，人都饿得浮肿了。

我一生经历种种灾荒，总结起来，无论如何也要种粮、存粮，无论如何也不要脱离实际，大跨越，大发展。

百善孝为先

自然有天灾，世间有人祸，人生真是不易。尤其是在一个动荡年代。人能活下来，一是个人的韧性，一是家族和家庭的关照。中国古代有“父慈子孝”之说，这看似陈旧的观点，现在想来，在那样恶劣的生存环境下，家庭的作用是多么大呀！父亲的影响力多大呀！

我父亲做人做事都言行一致，他讲孝，更行孝，是村里孝敬父母的典范。他是爷爷的第三子，可爷爷晚年的事，都是由他牵头来办的。他做事细致，又有耐心。他常说：孝顺，孝顺，对老人顺才是孝，才是真孝和大孝。

有一年冬天，鹅毛大雪下了整整一天一夜，地上的积雪已经足有半尺厚，却还丝毫没有停的迹象。爷爷突然想吃肉了，但本村没有卖的，周围十里八村也没有，只有永年村一带才有，距离我家有18里远。

父亲毫不犹豫，说了句“您等着”，就拿着一根棍子上路了。雪路往返36里，历经8个小时，买回一些肉来。爷爷含着泪，竖起大拇指。父亲笑了笑说：“古有‘王祥卧冰’，今有‘梦花踏雪’，您会写书，就将我编成第25孝吧！”

父亲孝顺，母亲也善心，对爷爷的生活关照有加。每次爷爷到我家吃饭，她总是想方设法做一些可口的饭菜，炒鸡蛋，烙小饼，下挂面，为爷爷补充营养。

父母对爷爷的孝敬，也为我们树立了榜样。我依然清楚地记得，人生第一课，就是父亲讲的孝道课。24孝故事，他天天讲，反复讲，《丁郎刻木》《王祥卧冰》等都深深刻在我们的脑海中。他还联系实际，将本村、邻村孝与不孝的事说给我们听，让我们兄弟几个来评说。他有许多口头禅，也多是关于行孝的，譬如“人不尽孝，猪狗不如”、“行孝要尽心，不可攀比人”、“本事有大小，尽力就是孝”等等。

过去，家庭贫困，孩子又多，无更多的钱财来孝敬老人。老人也多能理解，但是作为儿女应该惴惴不安。我工作之后，除定额给家里钱外，还尽力挤出钱来，为老人买点穿的，买点吃的，常常回家看看。我们住在城里，常请父母来住，用心招待。但他们一看我们家那么拥挤，伙食不好，就心痛不已，就要回老家。为此，我心中常常惴惴不安，却又无能为力。

20世纪80年代后期，老人年岁渐高，我们的生活也有所好转，一种孝敬的紧迫感油然而生。一来拿出更多钱供老人花用；二来增加回乡探望的频率。每次回乡，老伴都要用心操办，买好能即食的烧鸡和牛肉，还有能保存的各种罐头。老人的生活在全村算是最好的了，逢人就夸孩子孝顺，乡邻都看在眼里，羡慕在心头。

1989年母亲去世。之后一年的清明节，因事务繁忙，原本未计划回老家。早起老伴头晕恶心，不能起床，说自己昨晚梦见妈妈来了，坐在床头，摇着她的头说，我没衣服穿了。言毕，飘飘而去。梦醒以后，便头晕起来。

老伴嘱咐我说，你无论如何都要回去一趟，给妈妈上坟烧纸。上午我买了一些冥币及烧鸡、牛肉回家。快到家时，就听见人们在七嘴八舌地议论。姐姐说："就是回来了！"三哥说："还真准！"父亲更是颇有些得意："怎么样？没骗你们吧！"

原来姐姐当天早晨回家，顺口问一句我回不回来。父亲就回答道："回来，一定会回来！"三哥就说："你怎么知道会回来，又没有捎信。"父亲说："昨天晚上，我梦见你娘回来了，她说她要去邯郸。我还说你能走动？你娘说走得动。你娘去邯郸了，那边不能没有反应！所以，我猜，今天老四一定回来。"我也说了事情的原委，大家都觉得很蹊跷。当然也足见我们对父母的孝心。

87岁老父

老父去世前曾多次对三哥说："我死后，丧事你们会很难办，麻抓绞裤套。"三哥问他如何难办。他却说："天机不可泄露，到时候你们就知道了。"

父亲后事的费用我主动承担，所收礼品、钱物我一律交公，怎么难办？结果他的遗言应验在天气上。父亲在二月中旬去世，天气寒冷，风雪交加，久不停歇。地上的胶泥糊糊

87岁慈母

足有30厘米以上。且人多坟远，真的是十分难办哪！这样的应验，也不知算不算是迷信。

我本是一个唯物主义者，对托梦、占卦等并不太信。但一些亲历的事情，常常令人无法解释。对于逝去的亲人，我愿他们在天有灵，看着我们，保佑我们这个家族。

1992年，父亲去世了，享年87岁。为了感谢父母的恩情，我为他们撰文立碑，这在全村历史上是第一个。现将碑文抄录于下：

先父李梦花生于一九〇六年，病逝于一九九二年农历二月二十二；先母李陶氏生于一九〇二年，病逝于一九八八年农历七月二十五，享年均八十七岁。二老青少年时代，分别受到祖父李步云、外祖父陶金镜的良好教育，加之终生慎行，可颂可承之处甚多，诸如劳动躬身，长于耕织，持家克勤克俭，教子严而有方，为人厚善正直，享誉乡邻等等。二老一生，虽无伟人之大功大德，但作为庶人，可谓鲜矣。四子志受恩颇多，特为撰文，以慰双亲于九泉。

父亲去世20周年之际，由我的长子牵头，为爷爷奶奶竖起逝世20周年纪念碑，以示对爷爷奶奶的怀念。碑文中引用古诗“新竹高于旧竹枝，全凭老干为扶持。明年再有新生者，十丈龙孙绕凤池。”表明儿孙尊重历史，敬重前辈，不忘祖恩的心迹。

榜样的力量是无穷的。父孝我孝儿也孝。我和老伴一年一年衰老，四个儿子、四个儿媳个个孝顺，家庭生活欢乐祥和，吃穿住用、旅游观光，样样一流，令人生羡。

百善孝为先，在中国这个礼仪之邦，关于孝道实践、孝道传承的故事，可谓众矣。

我想：孝之理，大于天；孝之重，过于命。不孝之妻不可娶，不孝之友不可交，不孝之子不可教。孝道传承，天下太平。

恩怨消释

至亲有恩亲，也有怨怼。这是中国传统社会的一大特点。我父母与舅舅的恩怨生消，也与时代有关。

舅舅姓陶名楷，肥乡县孟陶庄村人。其一生可用两句话概括：一是聪明一世，二是愁苦一生。

舅舅天生聪明，读书一目十行，且过目不忘。虽只上了几年私塾，却精通文墨。二十几岁学做买卖，开染坊，很快就发迹了，成为名震乡里的富户。我还清楚记得小时候，他家两片庄基地，每片都有两亩以上，堆满砖瓦木材。如果不是解放和土改，两座高级住宅就会拔地而起。土改时他被划成富农，境况落到了最低点。

解放后舅舅开始潜心学习中医，居然成为当时小有名气的看病先生。三年严重困难期间，他游医山西，赚钱买粮，度过了灾荒。至今他遗留给表弟的配药秘方，还在使用，造福一方。

舅舅年少时生活也十分艰苦，住土房，睡土炕，吃糠咽菜，一个姐姐被卖到了山西。发迹没几年，经历土改，重新跌入苦渊之中。据说他打小儿胆子就小，几经惊吓，更是羸弱了，甚至到了遇人不称呼不说话的地步，遇事也总是犹豫不决。姥姥活了90多岁，将他拴在孝柱上。一家八九口人，压得他直不起腰来。这样的愁苦、重负，将聪明的舅舅压垮了，60多岁就过世了，时在1966年。

舅舅聪明一世，也曾糊涂一时。

1942到1943年间，天灾人祸，迫于无奈，我父亲向舅舅借了三斗粮食。舅舅说自己没有，帮忙到别人家借来的，说好年底给息还本。到年底我家却怎么也还不上，舅舅就责骂我父亲："穷小子，想赖账，让我在中间落不是！"其实粮食就是他自己家的，怕我父亲不还。

父亲回骂，两个人打了起来。母亲非常生气，第二天天一亮，就赶到舅舅家，打了舅舅几下，并唤来街坊邻居评理。我母亲是姐姐，他是弟弟，从此，舅舅与我母亲多年不说话。

人们常说时运长，时运短。人一生就有所谓的时运。舅舅没有赶上好时运，愁苦一生，实在可惜。许多事情并不在于你聪明与否，不在于你本事大小。赶上时运的人别骄傲，赶不上时运的人，也不要气馁。努力待变，总能候到福音。

再者，人生道路要往宽处走，不要走窄巷。多行善事，待人宽厚，就是为自己开道。一些人称雄一时，做事尖刻，就是给自己堵路。谁又能知道，哪一天有背时运呢！

舅舅去世多年，小时候少有亲近，但却常常想起他，梦到他，眼前总是浮现出他的样子来。这种思念，已超越上一辈的恩怨，更多的是血脉之亲。

血脉有神通，人与人有无血缘关系大不一样。小青是舅舅的孙女，一见到她，我就觉得分外亲热。血脉相连，就有一种特殊的关系，值得人去珍惜。

乐之回想

我的童年还有快乐吗？当然，孩童岁月，多多少少总是苦中有乐的。

我在众兄弟排行中居于中下，不头不尾，性格温和，不打不闹，不出风头，也不耍牛脾气。所以，家中大人们总顾不到我，小朋友却多与我亲近。

我从小自由随性，心中无压力和束缚，玩起来畅快无比。玩对抬，玩对拐，干撞钟，打毛蛋，捉迷藏，抬花轿，所有游戏无一不会，无一不乐。还有一些家务活，如割草拾柴，刨瞎粪猪，烧玉米，烤毛豆，也是乐趣无穷。晚上与三哥一起听“闲话”，津津有味，《西游记》《聊斋志异》《三侠五义》……许多古典小说我都听过，至今印象深刻。

当然，最快乐的还是与三哥一起逮鸟。笼子法、蹚子法、夹子法、拍子法……逮鸟的方法真多。譬如用蹚子法抓啄木鸟，在马尾巴上采下一根根马尾毛，结成活套，用绳子穿起来，放在啄木鸟常光顾的榆树上，人站在远处张望着。嘣——嘣——嘣——嘣，啄木鸟在树上上蹿下跳，啄着树皮，虫子露出来。美美吃上一口，却不知爪子被蹚子拴住了，叽叽叫着，最终还是被逮住了。看着鸟儿扑扑棱棱，孩童时的我别提多高兴了。

学习也是儿时一件乐事。从蒙学开始，就未因学习而受老师批评、父母指责。我从小自主、自律、自求，成绩优秀，受人称赞。在我看来，做人不论学习、做事，都要多主动。主动则乐，被动则忧，千万不能学犟驴，挨了鞭子再过河。

当时河北是日占区，但对于孩子而言，在我们那个地方影响并不大。我在日本投降前并没有见过日本人，见到的都是所谓的“皇协军”，是中国人。日本人都住在肥乡县城里，离我们村比较远。

距家七里路有日本人修的炮楼，就是现在乡政府所在地。我大哥曾被抓苦工，去修邯肥公路，回家时给我带了几个石子，我可高兴了。因为我们所处的平原，除了家里捶布用的石头外，几乎看不到石头。

我倒是见过游击队，邻居大喜就是游击队员。他们枪械设备很差，背的枪很多都是摆设，无法发射子弹。偶尔也有八路军来到村里，还住过我们家。当时八路军游击队与老百姓的关系非常好，真的是鱼水关系。住在家里帮忙扫院子、担水，称呼也很礼貌热情。

唯一一次听说打仗，是在永年一个村庄里，当时用担架抬回几个伤员来，他们杀了一头羊，将骨头给我吃。我当时得了痢疾，母亲将骨头上的肉刮给我吃，非常香，所以印象尤其深刻。此外，还听说有一个八路军地下干部被“皇协军”抓住了，用刺刀挑死了。

当时年纪尚小，许多事情记忆模糊。

早年枣年

都说“人老怀旧，思乡念幼”，此话真是不假。退休后十几年，更是念旧思乡。而想念最多的竟是童年那些枣树。

我脑海里想的，满是郁郁的林间，特有的花香，甜蜜的果实。想着我是如何秋吃枣、冬吃枣、春吃枣，枣如何帮我度过那些饥饿的岁月，自己又是如何养成一辈子爱枣的习惯。

早年，我家几座土屋，房前院后到处都长着枣树。门外一片空地也成了坛枣树、九月青枣树、机灵枣树、马野枣树、蒜瓣枣树竞生之处。说我小时候住在枣林，一点也不为过。我家枣树多，村子里家家户户枣树也多。枣树围绕着村庄，村庄掩映在枣林之中。

一到农历三月，枣树发芽，芽子油光闪亮，柔嫩可爱。过几日，芽子成叶，呈绿黄色，枝条蔓延，织成独特的树网。再过一些日子，枣花开了，花蕾如灿灿黄米，香极了，整个村子弥漫着枣花香，引来了群群蜂蝶翩翩起舞。为了采蜜，一些蜜蜂都累死了。

日子过得飞快，不久粒粒小枣长了出来。到了农历六月下旬，枣就有葡萄般大小了。孩子饥饿难耐，便开始摘枣充饥。此时的枣毫无枣味，黏黏的、淡淡的。时光流逝，枣越来越成熟，变白、开裂、泛红。到了农历七月十五，红枣熟了。孩子们挑品种吃，挑枝子摘。

枣树品种不同，有的早熟，有的晚熟，有的适合生吃，有的适合晒干。我家的机灵枣适合生吃，皮薄肉脆，蜜甜蜜甜的。我和小伙伴们总是在那几棵树上爬上爬下，有一次还从树上跌下来，摔得生疼生疼的。昙枣树果子个儿大、肉厚、味美，适合晒干存放，是蒸花糕、做枣泥的首选。

农历七月底前后，村里人家陆续收枣。昙枣个个红紫，压得树枝下垂。九月青长寿，青色不褪，一枝枝腰弯背驼。蒜瓣枣真如蒜瓣，又红又重……枣压枝头，各领风骚，但终究要被打下来，放在外面晾晒，再收储到家里。

平常年份我家能收五六百斤枣。到了冬天和春天，兄弟几个一把一把抓着吃。人多时长，早早就将枣吃没了，总惹得母亲数落。

当时没有人知道枣竟然如此有营养，有那么多药用价值，浑身都是宝，大家只知道吃了挡饿，吃了甜滋滋。我从童年到老迈，70岁以前一直都很健康，是不是与童年多吃枣有关呢？我现在总是琢磨这个问题。

可惜这些枣树，经过历史浩劫，几次水灾，现在几乎都不在了。1958年大炼钢铁，大办食堂，将枣树砍烧；1963年发大水，剩下的枣树几乎都淹死了。真是可惜、可恨，又可悲！

我爱枣、喜枣名声在外，孩子、亲友经常送枣来。河南枣、山东枣、新疆枣……多是精品，但我依然觉得味道不够好，不如童年时家乡的枣香甜。每年鲜枣下来时，侄儿从家乡送枣来，我边吃边说："这是家乡枣，香甜味美。"

好几回梦中回乡种枣树，种了一片又一片，过去的枣树又复活了。两年前，我在深圳养病，在一家商店看到许多木墩，其中有枣树做成的，我未讲价钱就买了一个，也算是我与枣树的一种缘分吧！

思乡恋土

多年来，我思乡恋土之梦一直在做着，总想在老家盖座房子。

此夙愿原因有三：一是父母在世时，每次见面都劝我在家盖房，这是老人的遗愿；二是在老宅子上盖上新砖房，改变“赤地黄”“土打墙”的面貌，是我从小的奋斗目标；三是有“狡兔三窟”的想法，孩子们万一有什么变故能有路可退。

1993年，我觉得天时地利人和，到时候了，于是就将盖房之事提到议事日程上来。

盖成什么样？需要多少钱？由谁来操办？一系列问题，

需要统一认识，拿出具体意见，做出决策来。关于这个问题，贤德的老伴给了我很大支持。她说，这是男人们的事，我和媳妇们都不参与，全由你们父子商量着办，这样问题就简单容易多了。

我与三个孩子仅仅商量一次，就达成了基本共识，解决了主要问题。一是要不要盖房的问题，大家一致意见是早盖、快盖、盖好。二是盖成什么样，最终确定盖楼房不盖平房，盖出五到六个小单元，家家能住，能住得开。三是解决出钱问题，大家一致同意老大负责盖房，出人工钱；老二出5万元，老三出1.5万元，小四刚上大学，另派任务。其他都由我来筹划。

一起盖房，三个孩子出钱不一样，这在许多家庭根本就行不通，可在我们家就能通，可见家庭的和睦。

经过近一年忙碌，一栋东西长20米，南北宽7米，大小12个房间，280平米，两层高的楼房拔地而起。前墙瓷砖贴面，前上檐玻璃瓦装饰，后墙、两侧墙用灰抹，显得格外结实、美观、大方。只是房屋标准越盖越高，一下就花出17万元，超出了预算，又给孩子们加重了负担。

这样一栋小楼，现在看，实在不算什么，可在当时，在那个地方，就不简单，不容易，格外引人注目。因为在老家所在的那个村，那个乡，这是第一栋家用豪华小楼。

1995、1996连续两年，我们全家一起回乡过春节。住着小楼，烧暖气，吃饺子，放鞭炮，孩子们打牌、游戏，其乐融融，别提多美了。

每当那个时候，我不由自主地陷入回忆，不由自主地向过世老人念叨："新房盖起来了，赤地黄一去不复返了，我终于实现了你们的遗愿。"

现在，那个小院，那栋小楼，还闲在那里。有人说我看浅了，浪费了。可我自信地想，这就是历史，就是乡情，能吸引着后人回家、思乡！

小学情怀

读书十几年，工作几十年。至今我最怀念的还是小学的时光。

我祖父教私塾，但未在本村设馆。当时我尚年幼，接受启蒙教育是在新式小学里。

河北许多地方，1945年就解放了，新政策开始实施，也办起了新式小学。我们村的小学校址选在一家富农的三重院落里，教师是村中最有文化的鹤亭，教材是老师随便选定的。

我们是边读边玩，每天在学校做三件事：一是唱歌，唱《解放区的天》，唱《三大纪律八项注意》等等；二是喊口号，参加批斗富农地主活动，当时儿童团还要站岗放哨；三是识字算题。

我性格内向，遵守纪律，学习又很认真，深得老师赞许。当时没有成绩高低之分，也少有各项“清规戒律”，没有这个规定，那个不许，任凭老师自由发挥。

我喜欢上学，喜欢被老师领着一起识字、唱歌。课余时间参加各种劳动，其中最多的就是春天割草喂牛、秋天拾柴烧火。割草要早起，天刚蒙蒙亮，就被父母叫起来，揉着眼睛迷迷糊糊就上地里去了，对孩子而言，很是辛苦。现在我手上还有一道一道小刀痕，就是用镰刀留下的痕迹。

在学校里，老师组织各种比赛，学生互相挑战，失败的受罚自贬，胜利的就得到夸赞。记得我与一个同学进行识字比赛，我胜出，老师给了我胜旗，给了他败旗，还让我们站在队前，围着小操场绕三圈，让那位同学喊自贬口号“我是尿包！我是软蛋！”甚至让他钻我的裤裆，我开腿站立，他钻来钻去，真是折腾人。

1949年春节刚过，县里派来正式教师李英伟，办起了正式小学，按照正规的指导，组织教学活动。村小学生少，多级同班教学。我学习努力，成绩优良。1951年就考上孟庄高小，开始了出村、出县、出地区的读书生涯。

高小离我村八里路，原来是一间教堂。头一学期期末考试，我在同级50个同学中考了第一名，学校在最显眼的地方张榜公布。整个学校就一个班，所以我也算是全校第一了。从第二个学期开始我就当了班长，1953年还加入了共青团。在当时我那个年龄，读高小算是年龄偏小的，同学中有的比我大五六岁。

当时高小教材都是新编的，没有那么多科目。课余时间打打球，跑跑步，锻炼身体。当时的班主任老师很严厉，学生也都比较用功，所以升学率很高。

我所在的农村小学教学质量不高，办得不好，但毕竟是它将我送出了农村，投入到广阔的世界，我终生心存感激，念念不忘。

成年以后，我意识到，一个人的思想发展、知识水平和处世能力，都与幼时所受的教育关系密切。幼时人是一张白纸，一生的画卷，就是从那时开始着笔的。

我还深深地体会到，一个乡镇，一个县，一个地区，其文化发展水平的高低，人才之多寡，基础也在小学。小学办得不好，孩子们就很难走出乡村。头开低了，开弱了，开坏了，如何能有好结果？从小就弱，怎么能长成参天大树？

我们村小学，因村里重视不够，一直办不好。从1950年到1970年的20年间，出村读初中的只有几个人。人们思想落后，只有计划生育“先进”——几十年村里人口无增长，因为穷，年轻人都找不到媳妇。

基于这些认识，在后来的工作岗位上，我对小学教育尤其重视，关照更多，视导更勤，研究得更深，并且集多年思考与实践，从中梳理出一套小学教学改革方案来。方案内容包括教学思想、教学方法、教材编写及使用等等，希望能有所改革，能减轻学生负担，提高教学质量，给孩子们一个健康学习成长的空间。譬如我曾提出，小学四年级前不开设数学课，将课程安排在最后两年，学生更容易接受。如此种种想法，甚是大胆创新，可惜到了退休年龄，许多想法都无法践行了。

退休了，虽在小学教学实践上“吹不动风”了，但依然对其情有独钟，利用各种场合，把握各种机会讲小学教育问题以及改革措施，其间也为村里小学做过两件事。一是上世纪90年代末，村里小学与另外两个村小学并校，长子征得我同意，主动为学校捐款。2010年前后，有幸与市教育局赵浩军同志多次接触，谈及小学教育问题，他对我的许多观点颇为赞同，提议将我家乡的小学建成高标准实验小学，并邀我参加了市、县、乡、校碰头会，一起商议学校规格、标准、目标，陆续投资一百多万元，建成了邯郸市农村小学的样板学校。

求学之路

我从孟庄高小毕业后，于1953年考入河北沙河县初中，又于1956年考入邢台第二高级中学，1959年进入邢台师范专科学校，1961年毕业，被分配到临漳一中工作。

这是我简单的教育经历，很普通的人生经历。如今读个大专算什么呀！可在那个年代，却是非常不易，非常不简单的！就我而言，更是闯过四道关，才走到了这一步。

首先是父母重视支持关。那个时候，父母虽盼子成才，但并没有如今天的父母那般强烈。读书成才的太少了，何况孩子又多，生活困苦，能持之以恒支持一个孩子读下去十分不容易。

我自幼喜欢读书，在儿童团时就学习主动，字写得好，认得多，竞赛总能得优。上高小第一学期，就考了全班第一，红榜告示，鼓号吹打，好不光荣。大家都夸我聪明好学，日后定有出息。父母为此也十分高兴，就将我确定为家里读书重点培养对象。他们对我说：只要你好好学习，再难也要供你，就希望你有一天能出人头地。

二是道道升学考试关。建国初期，教育资源有限，一个县才有几所高级小学，一所县办初中，一个地区才有几所高中，全河北省大学也没几所。学生步步上行，通道越来越窄。一来个人努力，二来苍天庇佑，我一路过关，总算读完了大专。

至今我还清楚地记得，高小升初中时，为了多一个被录取的机会，我先到邢台报考沙河县初中，学校招收200人，考生有4000人，20比1，经过两榜定案，我以高分被录取。后又到邯郸考试，因饥困交加，考语文时竟在考场上睡着了，未被录取。

三是困难供给关。那个年代上学虽便宜，但依然有花销，一个月至少要五到六元钱。可当时已办起了农业生产合作社，后又转为公社，家里除了挣一毛八分的工分，到哪里弄钱上学呀!一到开学便愁死了双亲，卖鸡蛋，卖北瓜，借东家，求西家，总还是不够。所以我经常处于辍学的边缘。父亲常常愁苦地说："真不行了，供不动了。"在这种情况下，我的高中学习成绩日渐下滑，也影响了高考。

四是他人暗算关。当时的农村有少数人，自己不行，也妒忌别人往高处走，不断使坏。其中一位李姓村支书，便以权作恶，给学校写黑信，告我出身伪村长家庭，舅舅也有历史问题等等。他怕我考上大学，出人头地。为此，我的班主任还往返两三百里到村里调查核实，对我的高考录取也有一定的影响。

如今，看到子孙们不爱学习，内心就很难受，很着急。读书是多么美好、多么快乐的事呀，孩子们怎么就不开窍呢！

机遇擦肩而过

对一个人来说，机遇非常重要，抓住它，或许可以平步青云，飞黄腾达，走运一生。失去它，则会平庸无华，甚至在痛苦中挣扎。而我一生有过三次机遇，然而却因各种原因，与我擦肩而过，对此我颇感遗憾。

第一次是在1961年，我师专毕业分配时。我在校学习期间，算得上品学兼优，写作能力和工作能力也有所展露。当时学校决定让我留校，先到北师大进修两年，再分配具体工作。同时，还将我当时的女友史清秀留在邢台市工作。对一个农村孩子而言，这算是天大的机遇了，可惜没过十几天，一个坏消息传来：三年调整，学校下马。我留校工作的事情便化为乌有了。

于是，1961年9月，我被分配到河北临漳中学当教学干事。在主任的领导下，负责安排课程，调度检查教学，组织期中期末考试，以及教研活动。由于我善于学习，尊重老师，深入实际，不久就得到各方面认可。这一干就是三年，为后来领导全区教研工作奠定了基础。

第二次机遇是在1965年，我被抽调到县四清工作团办公室当见习秘书，成熟后当临漳县第一书记的秘书。

这次机会得从1964年学校四清说起。当时工作队领导非常重视资料的整理工作，四易其人，最后选中了我。在很短的时间内，我写的几篇四清专稿都在《邯郸四清》《河北四清》发表，引起了领导注意，于是做出让我给书记当秘书的工作安排。

对于一个年轻人而言，这个机会更是难得。可谁又能料想到，1966年“文化大革命”开始，书记被当作走资派揪出来批斗，这不仅使我失去了第二次机遇，而且还将我推入到政治旋涡，坎坷了许多年。

1966年夏天，我一回到学校，保皇派、保守派的帽子便一股脑儿扣下来。1967年，造反派胜利，成立革委会，又将我关进牛棚，批判折磨，经过80天的学习班清洗，才得以解放。这期间，我爱人也多受牵连，受了不少委屈。1969年，我趁公办小学下放到大队办的机会，将她和孩子一起转回肥乡，为日后离开临漳留条后路。对此，老伴很有意见，一直耿耿于怀。

后来，学校开始复课闹革命，我担任班主任，教学生数学课。1971年9月，在事先毫不知晓的情况下，突然被抽调到县革委文教组（文教局），原来县里缺少写材料的人，领导不满，才又想到我。

在那里我不断努力学习，与同事一起创造性地工作，在教育方面得到了一定的经验，又将这些经验介绍到地区，介绍到省里，获得了领导的信任。于是，我这个社会关系“复杂”的人，也加入了中国共产党。

1972年，邯郸地区革委教育组负责人孙希孔，与我相识，经过多次借调，多次协商，反复说情，花了整整三年，才将我调到地区教育局。1976年，老伴和孩子也来到邯郸。

此后几年时间，在孙希孔局长的亲自带动下，我参与了地区教育研究部署，将自己的工作重点转移到提高教学质量上。在大名县全区教育工作会议上，我起草的报告竟然受到了地委的审查，因为有人告状，说孙希孔一帮人搞教育回潮。结果孙局长被调走，我也备受冷落。

第三次机遇是在1983年。1980年我被调到地委统战部工作，1983年，部长武堃向组织部提交提升我职务的建议。但就在这个节骨眼儿上，临漳有人写了一份关于我的黑材料，编造我“文革”时期有问题。后来才听说是有人看我在地委工作，嫉妒不平，生了坏心眼儿。虽然后来也得以澄清，可机遇又溜走了。当时我内心充满了痛苦和愤慨，一气之下，要求调到邯郸师专工作，安安心心教书育人，做点学问。

在邯郸师专几年，在做好党委宣传工作的同时，还给政教系开了道德概论这门专业课。其间阅读了大量伦理学专著，写出了几十万字的讲课笔记。我的课史料翔实，又联系实际，观点鲜明，生动活泼，很受学生欢迎。

现在回想起来，种种机遇与我擦肩而过，有个人的时运，也是个性使然。我只知工作，做人太直，少人情联系和交往。

贵人相助

虽然命运不济，错过了许多机会。但我对许多帮助过我的人还是惦念不已，感激有加的。其中对我帮助最大的是乔恒一同志。20世纪60年代培养我给书记当秘书，是他的推荐；将我调到师专教书，也是经他的同意；到后来重返教委工作，也是他鼎力相助。他可谓是我人生中一大贵人，让我至今难以忘怀。

乔恒一同志是武安县人，1925年左右出生，历任武安县区长、河北临漳中学校长、磁县文教局局长、临漳县人民政府办公室主任、武安师范校长、邯郸师范专科学校党委书记等职务。他对教育事业的贡献是有目共睹的。

1953年，为了加强对学校的领导，将他这个20多岁的武安县区长调到河北临漳中学任校长。经过他的努力，学校教学质量全省先进，勤工俭学成绩也十分突出。1959年学校被评为全国教育先进单位。从此之后，人们都习惯叫他老校长。毕业多年的学生，一提起他都倍加赞赏和尊重。

乔恒一同志一生识才爱才，大公无私地举荐人才，深得人们称颂。早年负责临漳中学时，他对有历史问题的老师大胆任用，充分调动人们的积极性，包括对国民党警察局局长范林阁、被划为恶霸地主的张志民等人，都进行了妥善的安排。对年轻人更是大胆提拔，石家庄市原市长冀纯堂，邯郸市副市长王进江都受到过他的培养和推荐。

廉洁奉公，不谋私利是为官之本。乔恒一同志有一子三女，他做领导干部多年，却未给一个子女安排称心如意的工作，他们做的是临时工、合同工，他被儿子说成是“当官的笨爸爸”。

1994年前后，儿子和女儿求他帮忙买点平价钢材和木料盖房子，这却成了他的一大难题，最后还是我托物资局的冀克一局长解决了部分问题。事有凑巧，当时师专也正在搞基建。一些人怀疑他动用了学校的钢材和木料，后经我证明解释，才澄清了问题。

离休后，他的生活非常节俭，可以说到了寒酸的地步。不少人认为，老乔工作这么多年，又一直担任领导工作，怎么也得有些家底，存些首饰、字画。可谁知道他去世后清点财产，除一张8000元的存折外，什么值钱的东西都没有。

1997年老乔过世后，我常常在梦中与他相见。他的音容笑貌和种种往事总浮现在我眼前。他不仅是我的领导、我的贵人，更是我的朋友，他知我、懂我。点滴纪事，算是对他在天之灵的一点告慰吧。

反右的感触

我们这一代人，经历过贫穷、饥荒，艰苦度日，还一次又一次陷入政治运动的旋涡中，茫然失措，感触颇多。

1957年，我正在读高中，反右运动开始了。当时在学生中组织政治学习，开展社会主义教育运动，就社会主义与资本主义、共产党的领导与多党执政、农业合作化、资本主义工商业改造等许多问题，进行大鸣大放、大辩论。结果一大批人受到批判，一些人被划成右派。

这场运动给我印象最深刻的是共产党领导地位的问题，任何人都不能反对党、攻击党、诬蔑党。这是原则问题，必须坚持，不能含糊。可是，按照当时的讲法，党的领导是具体的，你反对党的具体一个人，不就是反对整个党？党的领导不是抽象的。即便是对某些农村干部存在的问题提出一点想法，也是否认党的领导，甚至上纲上线到反党的程度，这就片面了。

一般情况下，对当时的政策存在一定疑问，都是正常的，至多是思想落后。我在学校里属于比较保守的，当时粮食紧张，国家实行统购统销政策，出现了一些问题，我内心有疑问，但不敢表达出来。

从我个人来讲，我对共产党是拥护支持的。我这一代人，如果没有共产党建设新中国，可能依然在农村当农民。就我们村来看，解放前只有一个人读过初中，一年要花费30担黑豆，一石是300斤，一般富农都读不起的，何况我们这样一个家庭呢！因此我对党的感情是非常真诚的，甚至对“毛主席的话一句顶一万句”这样的观点也从未怀疑过。

1962年在天津

我的政治启蒙从高中时代就开始了。反右运动对我思想触动很大，共产党让知识分子帮助整风，发现缺点，多提意见。结果却反起了右派。对许多问题，突然发现自己不知道该如何想，如何说了。

我自幼就热爱党，对于如何评价这场运动，我没有发言权，但面对具体问题，又觉得与事实有违，于道理不合，感觉冤枉了一些人。我经常告诫自己，万万不可人云亦云，招惹政治是非。

对反右虽然有疑问，但当时总体上认为共产党是对的，也找到一些合理的理由，譬如共产党建国不久，对于中国走什么道路，建设一个什么样的国家，没有太多经验，而许多旧知识分子本身也需要整体改造。总之，共产党是正确的，毛主席是英明的。

四清的感触

但是，没想到运动一波又一波。

接踵而来的就是四清运动。四清运动波及范围更广泛，清政治、清经济、清组织、清思想。从上到下派工作组，进驻到农村、机关和学校。

1965年，我已在河北临漳中学工作好几年了。这年冬天，学校开展四清运动，进驻了工作组，学校领导被“拉下水”，一些有历史问题的老师也被“拉下水”。工作组发动师生检举揭发他们的问题。

当时工作组进驻学校后，需要整理材料的人，前面几个都不行，因为我的文字能力较好，被“结合”进了领导小组。当时叫“结合”，将我“结合”到班子里，负责整理材料。

四清在学校主要是清思想，清理老师、学生的思想，使之统一到拥护共产党，拥护社会主义上来。

四清运动先是领导下水，当时叫“洗手”“洗澡”，那些对共产党不满的、有落后言论的人都将被清理，“有枣没枣打三杆”。谁占据领导岗位，谁就得“洗手”“洗澡”；只要涉嫌有反党、反社会主义的言行，谁就得“下水”，接受审查和批判；只要谁有贪污受贿、损公肥私等经济问题，谁就要被清算。

当时四清队长很喜欢总结经验。我曾写过一篇帮助校长“洗手”“洗澡”的材料，登在邯郸四清的刊物上，之后又上了河北四清刊物。当时很多人都认为我这个人不简单，能写材料，受领导的重视，于是将我借调到临漳县四清工作团办公室，参与报告、文件、简报的起草。

当时对深层次问题不知情，面对反修防修（修正主义）大的国际形势，大部分人都觉得这场运动是必要的，有利于坚定走社会主义道路，有利于干部防变防修，有利于无产阶级对资产阶级的斗争，有利于恢复发展社会生产力。后来才逐渐认识到，这场运动也有这样或那样的问题。

在这场运动中，最值得一提的是，我结识了好友良师唐振景同志。当时，唐是四清工作团主笔，服务于政委刘玉明同志。我在那里工作，在他的关心、帮助、指导下，提高很快。从此，我们便结下了一生的友谊。后来他调省工作，从河北省社会科学院副院长任上退休。去年，他与爱人共同出版了《琴瑟和鸣》一书。以毛笔字书写全书，不但内容翔实，而且还诗色少有，惹得我赋诗而颂。

“文革”的感触

四清还在进行时，1966年“文化大革命”开始了。红卫兵、造反派将斗争矛头指向了各级党委。对此，我有许多不理解。当时四清工作团的观点是保县委，因为它是党的首脑机关。

从我个人而言，因为有了1958年的教训，当时批评党内任何一个领导都是反党。现在说整个县委班子都是走资本主义的，怎么可能呢？不敢想，也不能说呀！说错了怕被打成反党嘛，万万不能赞同、附和。所以参加群众组织，就站在保县委的那一派。谁知道站错了队，被打成了文化革命的保守派、保皇派。

当时党政机构，一个是县委，一个是县政府，虽然都是党领导的，但县政府领导与县委领导之间存在矛盾，两边人也分别站队。我站在县委一边，周围的人也都是保县委的，而另外一些学生和干部则站在县政府一边，彼此就对立起来了。

因为在县四清工作团工作的缘故，我备受造反派的关注，列为要清算的对象。革委会一成立，就开始进行清算了。给那些有意见的人办学习班，将他们关牛棚，组织他们集体劳动、集体生活，限制其人身自由。

我于1967年被关进学习班，受了不少折磨，直到1968

1972年在临漳

年才得以解放。好在当时两派之间依然是文斗，未到武斗的程度，未出现人员伤亡。

学习班期间，我经常思考，“文化大革命”扩大到基层，扩大到人民群众中，是否妥当。在我看来，无论谁对谁错，不同层面的问题应该在不同层面解决。政治局问题扩大到中央委员就可以了，一下子搞到基层，搞到群众、学生、工人、农民身上，让大家都参加，变成了群众运动。学生不学习，工人不做工，农民不种地，给国家造成多大的损失呀！“文化大革命”将整个中国都搞乱了，造成了物质和精神上巨大的损失。

“文化大革命”开始后，学校停课造反。这样折腾了两年，1968年开始复课闹革命，我被解放出来，在初中教数学，任副班主任，具体工作都是我在做。当时学制改为初中两年，高中两年。我带班到高一，将那个班带成学校最好的班级，班长被评选为学习毛主席著作积极分子，作为典型代表出席了县地区的会议。

时间一晃就到了1971年。有一天我还在上课，县里派人来让别人代我的课，调我到临漳县邺镇村搞展览，这个村离曹操的铜雀台很近，是当时河北省农业学大寨的典型，当时要在那里召开一个流动现场会。

给我安排的工作是规划一个展览，写出解说词，时间特别紧迫，当时安排三个大学生协助我。

我将该村的历史分为三个阶段：解放前、解放后、文化革命。大学生写的初稿完全不行，我只好开夜车，写了两万字的解说词。

邯郸领导来验收，看完预展后就将我找过去，问解说词是谁写的，我说是我写的。领导又问我学什么专业，教什么课程。我说学数学，教数学。他说，真是难得，学数学的能将文字写得如此生动，如此有味道。后来，在会上还增加了参观这个展览这项内容，两个天津知青和一个当地青年动人的解说也为展览增添了光彩，最终，这个展览受到了好评。

政治运动带来的困惑、压抑和煎熬，一直伴随我多年，至今许多问题依然困扰着我，譬如中央高层的分歧，是否有必要大搞运动？是否要让群众了解？结果是思想混乱，秩序混乱，组织混乱。什么层次的问题，应该在什么层次解决，不应该什么事都搞运动。这样的历史教训真是太沉痛了。

生活重负

事业上多坎坷，生活也多艰难，但我的家庭却是美满的。

1961年，我即将从师专毕业前，我和爱人终于走到了一起。当时正值三年困难时期，家里无力给我们办喜事。婚姻是在无新衣、无新被，甚至连简单的结婚用品都没有的情况下开始的。也没有摆酒席操办婚礼，两个人将被子搬到一起就开始过日子了。

这样的婚礼算是稀有的，可正是这样的结合，才经得起几十年的考验。彼此手拉手，不低头，迎着困难，成就了今天这个20口人的大家庭。

1962年大儿出生，1964年、1968年、1972年又分别迎来了老二、老三、老四三子，组成了六口之家。当时我俩月工资共89元，20多年未涨。除负担双方老人的赡养费外，实际每个人平均不到10元钱。孩子吃穿住用和教育开支大，工作又紧张，我们肩上的负担真的十分沉重。

俗语说，“半大小子，吃死老子”。每年秋末冬初，我们都大量储备蔬菜，一次购买3000斤白菜，红、白萝卜各500斤。家里一顿饭，炒一锅白菜，连菜汤都喝得干干净净。

我至今对老乡张有然同志心存感激。那时候，老张在联纺蔬菜商店当经理，平时帮我们买些便宜菜，到了存菜季节，就帮我买几千斤大白菜和几百斤红、白萝卜。

家中缺钱，很少吃肉。玉米面、高粱米、大米，有什么吃什么。当时白面紧张，都留着待客，很少自用。与邻居相比，生活差距很大。大人和孩子穿着也旧，老伴一年难得买一件新衣服，换换洗洗都有困难。孩子们多穿他姨做的粗布衣、粗布鞋。老大长大点，穿上我不能穿的中山装，都觉得神气。

那个年代，人们实实在在将工作放在第一位。我经常下乡，经常加班，家庭重担都落到老伴肩上，做饭、洗衣、管教孩子，忙得不亦乐乎。可她更是个工作狂，将责任看得比天高，比地大。年年当班主任，教两个班的数学课，还当年级组长和教导主任。每天5点起床做饭，7点上班，真是辛苦。

1976年，她从肥乡调到七中，学校塞给她一个无人愿管的初三班。她一个一个家访，一个一个谈心，以自己的诚心和耐心将班级稳定下来，千方百计调动学生的学习兴趣。功夫不负有心人，学期结束，这个班升入一中的人最多。至今班里的学生依然对她念念不忘。研究导弹的科学家薛林、在解放军总参谋部就职的孙磊、职业技术教育博士后戴怡，还有移居美国颇有成就的李小珍，一到过年就打电话来问候，还相约到邯郸来探望。

她努力工作，赢得了许多荣誉，不仅首批评上了高级教师，出席河北省模范班主任代表大会，还成为邯郸市党代表。而孩子们呢，也一个个学会开火门、炒菜、蒸馒头，学会了洗衣服，学会了帮助邻居搬煤球、打水。

寻常日子倒也没什么，但遇到特殊情况，就苦不堪言了。1966年，长子腿骨骨折；1975年，二子肾炎；1978年，四子急性黄疸型肝炎。孩子一住院，既愁钱，愁无人照料，又愁缺乏营养，生活一下子就乱套了。记得四子住院时才六岁，买了个烧饼夹猪心肉给他吃。他边说好吃，边对我说："爸爸，不要再买了，咱家没钱哪！"

亲子教育

生活艰难倒是其次，管教照料四个儿子更是困难。一来忙于工作，没有时间；二来缺乏耐心和方法，多用要求、规定、检查、表扬和惩罚。

大儿虽贪玩，却不惹事；小儿规矩听话，自小学便学习努力，遵守纪律。最让我们费心的是二儿和三儿。他俩分别和姨妈、姥姥生活了几年，养成的一些坏习惯，很难纠正。比如二儿，小时候智力超常，就是不爱学习，不愿做作业，不遵守纪律，而且软硬不吃。真是眼看可惜，却又无可奈何。

尽管如此，在孩子思想品德教育上，学校教育与家庭教育都不能偏废。我们对孩子的管教十分严格。

家庭教育第一是要教育孩子做人。那个年代物资匮乏，收入低下，普遍生活困难，我们夫妇两人，一月挣89块钱，一直持续了20年，还要管双方家庭，给老人花销，自己家里人均可支配的就极其有限。条件艰苦，我们教孩子学会吃苦，学会节俭，告诉他们有苦才有甜。

让自己吃苦，对他人则要多帮助，也是我们给孩子们灌输的观念。这些都需要从一点一滴的小事去培养，譬如当时住的地方的自来水总是出毛病，每天都要用水桶拎水上楼，我们让孩子帮助老弱病残和妇孺家庭，帮他们提水，冬天帮邻居往楼上搬煤。

对孩子的教育，我们不仅口头说，而且身体力行、言传身教。我和老伴平常做人不怕吃亏，认为吃亏是好事，吃亏能锻炼人。当时的生活水平极低，白面金贵，鸡蛋金贵，肉类金贵，连食用油也金贵。一个月人均只有5斤白面、2斤大米。这方面老伴总是管得死死的，自己家吃饭，总先吃差的，先吃孬的。白面、大米多留给来客。

我们住在城里，老家的亲戚、朋友、同学经常来访。客人一来老伴就变得很大方，好吃好喝招待。当时城里也可以养鸡，鸡蛋很珍贵，也多留给客人吃。一位邻居说："你家史老师真傻，好东西不让孩子吃，给别人吃！”我说给老伴听，她笑一笑说：“这是做人的规矩，孩子们大了也得这样啊！”

现在看来这都是小事，但对孩子们是潜移默化的影响。我的几个孩子成人以后，能严于律己，宽以待人，为人厚道，根就在这里呀！

如今孙辈们，一个个金贵得不得了，甚至超常富养。我在高兴之余，心中总不踏实。富养难以将孩子养好，“富不过三代”的警钟应该常敲常鸣啊！

前些年，我提出一个问题：富贵生活怎么过？我培养了四个成功的孩子，对于第三代如何教育，如何培养，心里却没有底。我对四个儿媳妇说：现在大家都很富有，是整天讲究吃喝穿戴，打麻将、看电视，还是该有所作、有所为？

都说一切为了孩子，将最好的给孩子——上最好的幼儿园、最高级的小学，穿名牌，这些是最不利于孩子成长的。中央电视台曾播过一个名为《不能没有你》的电视剧，剧中父母十分娇惯孩子，在孩子眼里，爷爷、奶奶、父母不过是服务员，是奴隶。养成他们骄纵的心理，对父母、孩子都是祸害。

亲情无价

早年能度过家庭最艰难时期，一来夫妻携手同心，二来得益于亲戚朋友相扶相携。

我25岁前，对亲戚好感不多。我自幼耳闻目睹的是父亲与舅舅干仗，母亲与小姨争吵。一些亲戚为富不仁，甚至仗富欺人。对亲戚间那种亲近，那种热情，相互提携和帮助，我几乎没有体会到。相反“亲戚不共财，共财亲不来”之类的话，却深深刻在脑海里。

后来我的观念发生了巨大的转变。因为我有了一门好亲戚，一好就是几十年。他们是孩子的姨父胡振声、姨母史清云。

我爱人娘家只有姐妹二人，所以格外亲近。当时我们在临漳县城工作，离姐姐家只有4公里，算是很近了。他们婚后没有生育，将妹妹的孩子当自己的孩子对待。当然更重要的是胡振声人好，史清云人好。

胡振声是一名军人，退役后到北京消防队工作。他为人正派，老实忠厚，心善无私。后回乡务农，当了多年生产队队长。而史清云则是一个标准的中国妇女，勤劳朴实，不贪穿不贪吃，节俭有余，干活没命。她有一句口头禅，“吃东西一过嗓门，什么都一样，吃那么好干什么？”

1961年经人介绍，我帮忙在临漳县柳元为他们抱养了一个小女孩，1962年胡振声回乡后，建立起一个三口之家。

时间过得飞快，我们家的孩子一个个出生，生活发生了巨大的变化，两家人也越来越近，越来越难分。他们家成了我们家的后勤部，像支援前线打仗一样支援着我们。

我的四个孩子，有两个都生在徐村。他们夫妻俩担当起一切照料任务。孩子们小的时候，都曾常住姨妈家，二子一住就是六年。一到假期，孩子们都争着要住姨妈家，那里是他们快乐的天堂。四个孩子年节的服装鞋袜，也都由姨妈包揽。她一针一线，辛苦缝制，将自己整整一柜布料都用完了。到底是一种什么精神支撑着她，恐怕只有她自己才知道。

四个孩子成长需要营养，吃得多，吃得快。他们就自己吃野菜，吃薯渣，将省下的粮食给外甥们吃。孩子们一有病，都是姨父、姨母来照料。四子小时候因患肝炎住院，陪床的是姨妈，出院静养的担子也落到姨妈身上了。

回想起来，如果没有这门好亲戚，我们如何能安心工作，孩子们又如何能健康成长。可以说，她和他成就了我们一家。

孩子们长大了，生活好起来了，瑞英当了老师，我们盖了新房，四个孩子也都有所成就。你送钱，我买衣，你来我往，也是亲热。尤其一到节假日，他们家里更是热闹非凡。惹得四邻眼热，成了人们议论的对象和做人的榜样。大家都说：这老两口将瘦马养肥了，肥马将他家给送好过了。

可谁能预料，孩子姨妈生病了，动手术，做化疗，花了五六万，子宫癌还是夺去了她的生命。时过三年，孩子姨父胡振声也得了绝症，医治无效，与世长辞。在他去世三周年之际，孩子们为了纪念他，像他们姨母三周年忌日一样，唱大戏，吃大席，放烟火，一花也是十来万，誉满乡里。

现在乡情、亲情变得越来越淡，原因是多方面的，重点是教育出现了问题，无论家庭教育还是学校教育，对个人情感培养重视不够。我们过于信奉西方人格独立的思想，而忽略了东方社会的家庭伦理。舆论和出版也有倡导不当，我对此甚是担忧。

统战四年

1980年，我被调到邯郸地委统战部工作，一干就是四年。现在回忆起来，四年间学了不少新知识，结识了许多新朋友，做了一些有意义的工作。

统战是一个涉及面广的工作，既要懂理论政策，又要了解具体实际。工作期间我系统掌握了统战理论、政策、方针，学习了民族、宗教、侨务和港澳台方面的知识。

对我而言，这是一个全新领域，学习起来，既有压力感，又有新鲜感。经过自己的不懈努力，熟悉业务，渐渐进入了角色。

统战也是一个交际面广的工作，在具体实践中，上至省，下到县，与许多做统战工作的同事建立了联系，也结交了不少民主党派和无党派人士。

当时的部长吴堃同志，是抗战时期参加革命的老同志，曾任县长、县委书记多年。他党性纯正，为人耿直，对人热情，工作认真，不讲私情。他有四儿四女，都未上过大学，也未给安排一个好工作。他因糖尿病并发症去世，至今我依然经常想念他。

副部长丁元泰主持日常工作。我与他在思想、工作方法以及性格上都很协调，还经常在工作之余，酌小酒谈天说地，说古论今。其他如华侨地区医院内科主任闫金荣、民进主委胡明诚等，也多有交往。

在统战部工作这四年，也是工作小有成就的四年。

1983年省政协换届，邯郸委员原58人，减少到51人。人事工作十分难做，在突出统战特色的情况下，要将去留、增减，一个一个说清楚，讲出所以然来，要面对面向省委副书记尹哲和组织部部长解峰做汇报。

人事工作政策性强，还要当面汇报，更是难上加难。部长将此工作交我来处理。我认真学习文件，吃透其中的精神，在充分研究资料的基础上提出一套具体方案。经地委同意后，与副部长丁之泰、组织部干部处处长李志杰一起参加省汇报会。通过我的汇报，方案顺利通过了。在汇报当场，我还提出邯郸委员不应减少，邯郸没有省政协常委，邯郸有贡献突出人物等问题。经我详尽陈述，委员增加了四名，尹哲副书记还答应考虑增加邯郸政协常委一事，并对我的汇报表示肯定。

当时邯郸地区的党外人士下边话多，会上话少，思想拘泥。针对此种情况，我提议多到外地学习经验，以及多提一些热门论题，通过讲历史言官故事等方法，鼓励进言。这样一来，就活跃了邯郸党外人士参政议政的气氛。

1983年在省五届人大四届政协大会上，讨论李省长政府工作报告，发言十分热烈。政协委员任世芳等对报告提出了三个问题：一是成绩讲得过分不实，规划基础不牢靠；二是省长缺乏统战观点，颠倒了主客关系；三是报告中使用了一些“文革”语言。这些意见，经过我整理，以《值得与省长商榷的几个问题》为题，发到大会第二期简报上，引起了轰动。这份简报后来又在《人民政协报》上登出。

教研春风

1984年，我几经周折调到邯郸师专，除宣传工作外，还给政教系开设了伦理学课程。

开设这门课，教师一要有文字功夫，二要阅历丰富，三要敢于讲话，这三点缺一不可。选来选去，选定我来开这门课。从此，我把主要精力用在了对中国伦理学的学习和教学上。一沉就是两年，学习研究了先秦伦理学、宋明理学、毛泽东伦理思想，写出了几十万字的教学笔记，教学效果显著，受到了学生们的热烈欢迎。

就在我对仕途心灰意冷，对专业教学兴味正浓的时候，1986年暑假后，新任地区教委主任王增田同志，想调我回教委工作。当时邯郸地区高考录取人数是河北省最低的，只有420多人，又出现了广平县高考舞弊事件，邯郸的教育落到谷底。王增田同志思想开明，四处寻找教育人才。不少同志都推荐我，于是调我重回地区教委工作。

重回教委，本来安排我做文秘资料工作。由于当时教研室主任到了退休年龄，并突然得了脑血栓。让谁接任教研室主任一职，成为领导的一道难题。讨论来讨论去，把目光集中到我的身上，仿佛非我莫属了！

当时，邯郸地区教育正在搞干部竞聘上岗试点，于是就让我参加竞选。因我一直在地区从事教育工作，又有一定威望和名声，所以毫无悬念就聘上了。由此教研室这副谁都想挑却又不敢挑的担子就放到了我的肩上，为我搭起了一个释放个人能量的平台。

教研工作是一个上不重视，下不欢迎，没权、没钱的工作，叫谁干都是举步维艰。

1987年高考跌入谷底后，更是被人瞧不起，好像地区高考落后都是教研室的问题。我来挑这副担子，一些人等着看笑话，一些人替我担忧，当然也有壮胆支持的。

对此，我有自己的想法，一是落后并不可怕，也许正好是有所作为的机会；二是凭自己对邯郸教育的了解，应该完全有能力迎接挑战，攻下这个堡垒；三是我有一颗炙热的爱乡之心，老想为邯郸人争口气。我唯一担忧的是，领导能不能重视和支持，能不能有一个良好的工作氛围。

事有凑巧，当时新任地委书记吴野度同志，对教育情有独钟，深入到基层调查研究，对教委的人事进行调整，明确要求把教育质量搞上去，要改变高考落后的面貌。新任教委主任耿福生同志，为了落实领导指示，对教研工作高度重视起来。对此，我无比兴奋，感觉邯郸教研的春天来了。

在工作实际中，我逐渐施展了自己的一套工作方法。先是提出问题，然后分析问题，最后是解决问题。提出问题很关键，无论哪一行哪一业，教育上是哪一环哪一科，面对现状，应该能够提出问题。如同医生看病，有没有病，症状怎样。小至一个学校，大至一个省、一个国家，都是如此。

我做教研工作，下基层调研，从来不听表面汇报。凭多年工作经验知道，汇报多是报喜不报忧，只讲成绩不讲问题，只讲经验不讲教训。要扎扎实实工作，就必须自己观察了解，发现问题，提出问题。

有了问题以后，就应该进行分析解剖，从不同侧面进行研究，与相关人员交换看法，像医生开处方一样，提出自己的意见。然后，回头看，进行复查，发现新问题，提出新的解决意见。这样一来，就能一点点进步了。

再加上我多能从全局着眼思考问题，部署工作，放得开，收得起，全面的教学研究工作，就迈步走上轨道，见到效果，刮起了十年教研春风。

可赞之人

说实话，我这一生虽然功不成名不就，普通人一个，但能让我赞赏、服气的人，实在寥寥无几。可王增田同志就是一位。

增田同志是河北武安人，退休前任邯郸学院党委书记，副厅级干部。他于1985年从衡水下面一个县县长的位置上，调任邯郸地区教委主任。1986年，正是由于好友、同事胡光勋等人的力荐，王增田同志批准，我才有机会重新调回教委工作，开始了我们之间30多年的交往。

虽然和增田一起工作的时间还不到两年，但他的思想和为人，尤其是他的睿智求实，给我留下了极为深刻的印象。

增田大学毕业后当过记者，二十几岁就当上了正县长。他十分聪明，看事透彻非常人可比。1987年国家教委体育司要在大名召开学校建立体卫处的现场经验交流会，其中有邯郸行署领导的一个发言。当时，我和另一位同志负责起草发言稿，结果领导怎么也不满意，要求推倒重来。一时间弄得我们丈二和尚摸不着头脑。

增田知道后，看完稿子，笑着说："稿子写得太好了，也写得太差了。差就差在没有写领导，你们加上一小段领导意见及领导活动，我亲自送去，一定没有问题。"结果正如他所料，稿子顺利通过了。

他善于用人，有他的独特思考和独特手段。他常说，作为一个单位的主要领导，就是要敢用那些优点大突出、缺点小突出的人，特别是那些缺点被放大的人。在这种思想的指导下，他解决了一个同志的入党问题，解决了另一个同志的任职问题，也解决了我到教研室当主任的问题。对我而言，这件事非常重要。由此开始，人生顺风，工作顺水，一切都顺起来了。

虽身为领导，但增田待人诚恳，爱讲人情。他不揽权、不霸权，将人事、财务工作分配给下属，用更多精力帮助人。哪些同事有困难，哪个家庭出了问题，哪个同志病了，他立马就能知道，并且亲自上门协助解决问题。早年我二儿子在工作上遇到了困难，增田知道后，亲自开车到永年，找到当时的常务副县长董永寿，解决了问题。

这些都让我心怀感激，一生难忘。

魏县实践

任何工作都离不开管理，我在教研室的工作也是先从抓管理开始的，让全区中小学教学工作走上科学的轨道。我和地区教委副主任张宗敏同志一起，以地区教委名义，重新颁发了《邯郸地区中小学教学常规》《邯郸地区各级教育干部深入课堂听课若干规定》等文件。

教研室是一个业务单位，对县里和学校只是进行教学业务研究和指导，不管钱，不管人。我当时就想，没权得让它有权，没人得叫它有人。为了引起重视，我抓住一个典型，放了一个响雷。

1988年春天，我带领一些同事，到魏县一中视导工作。

魏县是一个60万人口的大县，但每年高考过线的只有几个或十来个人。学校班子散到了极点，管理差到了极点，教学质量也低到了极点。对此人们几年视而不见。

为解决这个学校的问题，我带着八九个人到学校住了三天，将学校情况弄得清清楚楚。为了解决问题，在全区能引起震动，我在没有向县里通报的情况下，直接回邯郸了。我写出一份“三个一点”的视导报告，以地区教委名义，发出了《致中共魏县县委、县人民政府关于解决县一中问题的函件》，同时抄报地区主管教育的书记和专员。

信函一发出便引起魏县领导的重视，第三天就派主管组织的书记、主管教育的县长、县教委主任等一帮人，来找我们兴师问罪。

我对他们说：“你们不要有气，先听我说说情况，看是否有道理。魏县是一个大县，一年教育经费投入不少，从小学到中学接近20万学生，但每年只考上那么少的大学生。怎么向魏县父老乡亲交代？再看人家永年县，和你们一般大小，一年有200多个学生过线。你们觉得对得起魏县的老百姓吗？长此以往，魏县的发展后继无人哪！教育搞得不好，本来并不全怨你们，地区教委也想解决问题，但一直受阻，所以才出此下策。”

听完我的一番话，这些领导都心服口服，开始虚心向我请教解决方法。我直截了当地说，将学校领导班子一窝端了，组成新领导班子。我甚至向他们保证，只要听我们的，今年七八个，明年就是20多个，后年能到50个。只要按我们的思路去做，就能保证年年攀升。事实证明，发展与我的料想基本一致。

这件事在当时产生了很大的震动，一个小小的教研室还可以采用这种手段，惊动当时的政府和党委。做校长的干得不好，教学质量上不去，就得说出个一二三来。这本是人事方面的问题，却被我这个做业务工作的给承担了。这个消息不胫而走，传遍了全区各个学校，加快了全区中小学严格管理、提高了质量的进程。

仅仅处理人还不行，还要明确具体做法。我提出基本工作方针，要求大家做到实际、实用、实效、实干，不能弄虚作假，工作要落到“实”处。

另外，工作上还有一例，值得一提。

当时邯郸地区有许多高考复习班，人数众多，一个县甚至有400多人，但复习一年下来能考上的寥寥无几，非常可怜。我对此进行调查，发现问题关键所在，提出几点思路：一是招早，在时间上给予充分的保证；二是招好，多招一些离分数线近的学生；三是教好，单独组织教学，增强教学针对性。在我亲自参与下，组织了一个60人的理科复习班，不准走后门。班主任、各科任课老师由我亲自点名。结果这年高考，60人就上线50多。剩下的也大多够中专标准。

效果一出来，大家都很服气，对我这个方法也开始认可了。

我有地方本位思想，对家乡充满了热爱，总想争口气。邯郸在河北应该排名第三，但教育却远远落在后面。作为邯郸的教育工作者，我的内心十分着急。邯郸子弟出不去，就回不来，回来的水平也不高，教育上不去，人才出不来，邯郸的经济、社会、历史发展，该由谁负责？

我们的各种努力，取得了一定的成效，但个人却经受了许多磨难。本来坐在机关里舒舒服服，却要一年到头到处跑，无论冬夏，无论风雨，有一大半时间都在基层学校里。对此，我们的主管领导张宗敏副主任体会最深，寒冬腊月，我们两个人住在学校，屋子冷，被子凉，一个人抱紧一个暖水袋当“团长”。现在想起来，却想笑，笑两个可笑之人。

理论提升

学校的重中之重还是教学，大幅度提高教学质量才是根本。而教学问题主要是教师问题。当时邯郸地区各县中小学教师，学历上比其他地市要低一个档次。人家是本科教高中，我们是专科教高中，许多教师在业务上没有经过严格培训，并不懂如何教学。

针对这一情况，我主持编写了《教师教学专论》，对教师进行教育学培训。

当时，我到处寻找合适的教育学教材，可就是找不到，无奈只好自己动手，组织人编写。为编这本书，我费尽心血，从写作指导思想到提纲，一直到组织出版，都经我精心策划，我还亲自撰写了前三章。应该说我是此书的实际主编（此书的后记可以说明这一点）。

稿件最初计划在天津教育出版社出版，后来我有事去中央教育科学研究所，由于教育科学出版社也在同一个地方，就拿了稿子给他们看。谁知一见稿子，他们就立马组织人进行审阅，上午看稿件，下午就决定出版了。

该书公开发行10万余册，深受中小学教师欢迎，邯郸中小学教师人手一册，也获得了中央教育科学研究所原副所长、高级研究员滕纯的高度评价。

在培训教师的同时，我还以学科会的方式，对小学、初中、高中各个学科进行教材教法研讨，解决教学实践的具体问题。

人都需要激励，教师同样需要。我十分重视对工作的评价，在做好基础培训工作以后，重点抓评价，层层块块评出先进，评出经验，评出问题，评出干劲来。通过各项评比，选拔树立一批优秀教师，成为各科教学领路人。其中“教坛新秀”评选，对提高教师教学积极性起到了很好的作用。

我与同事一起拿出一套评价内容和评价标准，以教委名义颁发，对县校教育教学质量进行季总结、年评价。将评价挤进书记与县长的政绩里。这样，提高了教育工作在地方政府的分量，提高了教学的地位。

为保证工作质量，我们探索出一套新工作方法，倡导实际、实用、实干、实效，反对假大空；倡导深入一线，与师生一起工作、学习、生活。就我个人而言，一年下去都在150天以上。我下去从来不听汇报，在掌握一手情况后，才与县、校进行讨论。

十年努力，十年收获，功夫总是不负有心人。邯郸地区的教育教学质量有了显著的提高，与1987年相比，以后几年的高考录取人数分别新增300人、400人、700人、800人。而且由此开始，邯郸教育有了新气象。

为了表彰我和同事们付出的努力，1995年教研室被评为劳模先进集体，我也荣幸地出席了河北省劳动模范和先进集体表彰大会，并被奖励一个月的工资。1996年国家教委规定教研系统可以和中学老师一样参加特级教师评比，河北省第一次在教研系统只评了两个人——衡水教研室主任和我。当时，要求十分严格，首先得在国家级刊物上发表论文，同时得有国家级出版社出版的专著，这两项我都符合，顺利被评为首批河北省教研系统特级教师，享受政府津贴。

每当想起这段历史，我都对当时的主管领导张宗敏同志，助手梁栋才同志、李反美同志以及刘军庭同志怀有深深的思念，想念那一同工作的岁月。

他山之石

“虚心使人进步”，“他山之石可以攻玉”，都是劝导人虚心学习的。唯有多学习，才能使自己聪明起来，不断进步。

走上教学科研岗位之后，面对当时的落后状况及种种现实问题，我陷入了思考。我深知单凭个人头脑中的那些东西，肯定是远远不够的，必须学习借鉴他人的经验。

在学习问题上我一向不拘一格，读书看报，会上会下，电视广播，以及走出去向兄弟地市取经，都是学习的途径。关键看是否虚心，是否有诚心。

1988年我初调到教研室，当时“片面追求升学率”成为一顶大帽子，大家都谈虎色变，它也成了我的一只拦路虎。不抓高考不行，这是人心所向，再也不能将邯郸几十人、几百人，甚至上千人的上大学机会让给别人了。但抓高考也不行，会被戴上“片面追求升学率”的帽子，难免有所顾忌。

为解决这一问题，我翻阅了大量资料，学习了许多外地经验。北京四中的经验打开了我的思路。高考，是国家之考，谁也无法取消，谁也无能改变。高考试题，既是选材尺度，又是教学水平检验器和导航器。一个地方，一个学校，高考水平低，只能说明教学质量低。因此，按照教育规律抓高考，根本不存在片面追求升学率的问题。如果一个地方孩子都考不上大学，就全面了，光荣了，这是什么逻辑？

这些观点我在重点中学校长工作会上大胆讲了出来，同时提出“面向全体，因材施教，分层教学，各有提高”的教学思路。这些观点令许多校长耳目一新，精神大振。从思想理论层面上搬掉了横在人们面前的“片追”大棒。会后馆陶一中校长吴子江说，“老弟你真有本事，真大胆，真解决问题，我们都服你。”

1989年下半年，我与几位同事去衡水学习，试图解开“邯郸长树，衡水长人”之秘密。学习调研回来之后，我将衡水领导重教、民风尚学、学校师生拼搏的经验向领导做了汇报，还重点将衡水教研室所起的参谋作用进行了介绍，得到了教委领导的认可。在日后的工作中，教研室也确实对教委工作起到了谋划作用。譬如稳定教师队伍、教育质量评价、学校干部任免、教学工作管理等等，都是经教研室提出意见，由有关处室安排解决的。

1990年，我曾组织对永年一中师资水平进行调研，通过听课、座谈、汇报、检查，摸清情况，提出意见和改正措施，老师们都心服口服。其中一名历史老师，四川大学历史系毕业，为全区历史教学的带头人。我听他课时，发现学生注意力不集中，做别的作业，看课外资料，甚至睡觉。

课后，这位老师想听我这个主任的美言。怎么办？我就让他偷听学生座谈会，让他了解实际情况，对自身有一个清醒的认识。通过此次调研，我对如何提高教师素质的问题有了一些新认识，以前只提“以老带新”，似有不妥，还应该“以新促老”。

1993年地市合并以前，我曾三次组织人到山东临沂学习。这个地方是革命老区，教育一直很落后。经过几年努力，教学质量赶超了济南和烟台。其经验对邯郸有很好的借鉴意义。对于临沂的经验，我提出不但大处学，点滴细节也要学。在摸清教师能力水平问题上，我就采用了他们的方法。

教育之本：快乐教育

我自幼勤于思考，参加工作后也喜欢探究。日常工作主要是教学研究，也喜欢思考一些教育领域更深层次的问题，譬如教育的本质是什么？

孩子的童年本应该是天真的、欢乐的、幸福的，可当今却远非如此，社会、学校、家庭一起挥动“竞争教育”的大棒向孩子头上打去。许多有识之士奔走呼喊，改改思路，换换方法，将孩子们从严苛的教育体制中解放出来，给他们一片快乐的蓝天。可是经久无效，且有逐步恶化之势。

教师越来越累，学生越来越苦，原因何在呢？

中国自古有“学而优则仕”的传统，今天更是强化了，范围被拓宽了，变为“学而优则贵”了。人文思想、自然科学、商业经济，所有领域都被纳入了竞争范围。而竞争入口，都是教育，所谓千军万马过独木桥。

近些年来，社会上更是物欲横流，经济刺激，进一步加重了竞争的低龄化。社会、学校、家庭都将注意力倾注于孩子身上，将孩子当成了赛跑的第一棒，根本不管孩子的天性和兴趣爱好，更谈不上什么自由快乐。小学各种奥赛班、特长班、补习班、兴趣班如雨后春笋，就是恶性竞争的一个佐证。

社会压力传导到学校，各种弊端也是改而不动。开门办学、素质教育，皆流为形式，实际上还是关门办学、封闭教学。老师能力弱，哪来的教学形象化、多样化，师资力量不足，如何能因材施教。至于整个教育大纲，也是拔苗助长。譬如小学数学，孩子们花六年学加减乘除四则运算，内容太重复，太机械，又不适用，压得孩子们都喘不过气来。

学校的压力传导到家庭，许多家长都采取关、卡、压的方法对付孩子。本来父母是孩子的第一任老师，意义重大，然而多数家长缺乏教育孩子的知识，往往在爱的名义下粗暴干预，方法简单，以压为先，以罚为快，将孩子当成了知识容器，填、灌、压并施。而社会上一些人，趁机将各种同步练习、配套作业堆到学生面前，又四处大办各种训练班敛财，孩子长期压抑，产生种种逆反心理。

如何将孩子从这些禁锢中解放出来呢？我认为核心就是“快乐学习”。

首先，整个社会需要重塑价值观和教育观，使培养目标多元化、方法多样化。学习中国古代教育方法，将快乐学习当成最高境界，如孔子所云：“知之者不如好之者，好之者不如乐之者。”同时也向西方学习，推广西方形象教学手段和动手教学原则。

国际上通行的形象教学、动手教学、快乐教学，怎么就不能实施？具体到现行小学数学内容能不能改改，譬如一至四年级少开或不开数学课，五到六年级再学加减乘除四则运算，是否行得通？又比如小学语文教学历来有多（课时多）、重（任务重）、差（教学效果差）的问题。能不能大胆改一改，实行内容减半，阅读增大？

各种改革措施，大家已提了多年，但收效甚微，相反问题日趋严重。除思想没有真正转变外，就是改革不力，不敢大破大立。应该正视教学弊端，加大改革的力度，组织各种保质减负的教改实验，培训师资，适应快乐学习的需要，真正将学生课业负担减下来。

家庭教育也是关键，做父母也需要学习，可组织编辑家长教育方面的教材，开办家长培训学校，让家长懂教育、懂孩子、懂方法。

至于各种名目的补习班、特长班，以及各种教辅，尽量封杀，净化学生的学习环境和学习内容。

这些都不是技术问题，而是思想观念问题。老子说："天下难事，必作于易；天下大事，必作于细。"教育改革，只要大胆去做，精耕细作，就一定能够走出一条新路来，还孩子们一片快乐学习的蓝天。

教育之本：讲究实效

教育是一项非常重实际、非常重效益的事业，来不得半点虚浮和不实。在这方面我有如下一些思考。

一是教育发展的规律，速度与质量不衔接的问题。这些年来，我们的高等教育不顾经济、师资、教材、设备等各种条件的限制，大发展，快发展，达到了一年毕业六七百万人的水平。万人大学所占比例上去了，质量却没有上去，大有虚数、虚名之嫌。就师资而论，优秀硕士、博士毕业生多不愿当教师，原有的好教师往钱眼里钻，不管数量上还是质量上，远远跟不上需要。没有高水平、高质量的师资，所办之大学怎么能高水平、高质量。

二是大学所设专业与社会需求不衔接的问题。这些年来，高等教育学非所愿、学非所用的现象非常严重，大多数工作与专业不对口，学工的搞文，学物理的搞金融，学用不一致。这无论是对个人，还是对国家都是一种极大的浪费。一个硕士，一个博士，在一个单位管公章、管杂务，多么可悲可笑。

三是以经济效益为目的办大学，与就业需求不衔接的问题。这些年高收入办大学，招的学生是越多越好，每年都有几百万。可这不是只进不出，每年要有几百万人毕业。带着希望、渴求，要社会消化安排。他们习惯与国外比照，要求大学生、硕士生、博士生的工作和待遇。不要讲我们培养的人许多都达不到社会、企业的要求，就是高标准培养，也是很难消化的。我们把人的学历拔高，社会期望提高，又开出不少空头支票，这就是自己给自己带来难题，带来抱怨，如此一来，教育成为潜在的社会不稳定因素。

同样，中小学教育也是如此，不论做什么，都要讲规律，讲实效。不然就会出问题，受惩罚。就中小学领导们来讲，1993年以前，邯郸市区中学校长多是从办公室主任、后勤主任提拔起来的。因为他们直接为学校领导服务，有机会接触上一层机关和党务部门。而管教学的教导主任和优秀教师，难有机会接触上级，提升的机会就小得多。久而久之，学校也就成为一个准行政机关了。

这些人上台以后，按照行政套路来搞教育，形式主义，搞关系，大吃大喝，他们本身的理论不行，业务不行，怎么能踏踏实实提高教育质量？当时我到下面考察，20所中学，正校长我只看中了一个，副校长也只看中一个，其余的我都难以评价，对少数人的行为和做派从内心无法接受。

现在，不仅教育部门如此，其他的事业单位也是如此。譬如医疗系统，许多医生不是钻研业务，而是钻营关系，想着如何往上爬。毕竟院长、副院长与主治医师相比，利大名高。许多正规医学院毕业的研究生、博士生，本应成为业务骨干、学科的带头人，却浪费在俗务上，真是可惜呀！

有一所中学，过去是一所重点学校，在当地有一定的名气，培养了许多人才。“文化大革命”之后，越办越糟，越办越差，将以前的荣耀都淹没了。后来，一位新任校长找到我，询问如何将这所中学办好，如何能重现以前的辉煌。

这位校长很有思想，我对他讲，你要搞好这所学校，达到过去那样的水平，重现过去的荣耀，首先要看你自己能否严格要求自己，做一个名正言顺的校长。学习带头，工作带头，品行带头，按照教育教学规律办学，成为当地文化教育界的楷模。只有如此，你才能把这所学校领上重点之路。

这些年，学校校长，特别是重点高中的校长，多从党政机关、乡镇调来，他们不懂教育，用行政手段办学校、抓教学。特别是他们带来的不正之风，污染着校风和教师队伍。这应该引起组织人事部门的注意和各级领导的重视。

闲话教改：提些问题

改革开放以来，教育的地位有很大提高，措施有加强，规模有发展，各方面都取得了世人瞩目的成就，是值得肯定的。但是，教育上出现的新问题、新矛盾也非常突出、非常严重，而且重视不够，解决不力。现状是，教育落后于改革，影响中华民族的振兴大业。

就我个人的观察和认识，目前教育上有几个突出问题：

一是人们对教育基础性、长远性、关键性的认识仍显不足，教育的地位依然不够高，改革的力度依然不够大，经济的投入依然不足。

二是九年制义务教育不扎实，各种统计数据虚高，实际教学质量有待评价。

三是高等教育发展过快，师资、管理、设备、教材都跟不上，导致教育质量无法保证，与社会需求脱节，大量学生进入社会无法实现完全就业，给社会发展带来极大隐患。

每年有那么多大学毕业生，看起来都是人才，但与社会需求不对口，学生找不到工作，社会需要人才，根本原因就是缺乏整体性规划和协调。现在整体的教育水平很差。上世纪60年代的师资水平不如解放前的师资水平，今天的师资水平不如上世纪80年代的师资水平。培养出来的大学生自然水平也不高。

四是教师队伍软弱，数量不足，质量也不高。一流人才进不来，二流人才进来心也不安。这一问题在大、中、小学教师队伍中普遍存在，令人心忧。

五是各类教材落后、陈旧，多是照抄照搬，缺乏新意。

这些问题，已经十分严重，到了非改不可的程度。

将教育提到更高的位置，无论如何都不为过。教育是经济发展、科技进步、国防强盛的基础，如果不能做到先行、突出、实效，就会影响未来的发展。

许多道理说起来易，做起来难。往往今天拿起，明天就放下，缺乏一个长效机制，如以立法方式加以解决，会避免在这一问题上忽高忽低，忽硬忽软。

加大对教育的投入其实也并不难，除国家政策扶持以外，吸收更多的民间资本，“富”办教育，确保教育投入的充足。

强国先强教，强教先强师，要多吸引一流人才走到教师岗位上。对此，国家多一些支持，让优秀教师有足够高的社会地位，让优秀教师的收入超过公务员，超过国企人员，把教师变成社会争抢的职业。

教育是一个高尚的行业，应该更多讲道德，讲政治，讲法规。每个教育工作者，包括校长和教师都要严守教师职业道德，要杜绝学术腐败、抄袭、资源垄断，将那些混混老师清除出去。

教育方面的问题多而复杂，要以实际、实用、实效的原则和作风，研究问题，解决问题。教育界有一支庞大的科研队伍，各级中小学教研人员，一个省就有三四千人，加上大学教育科研人员，可谓人多势众，应充分发挥他们的作用，派上大用场。

闲话教改：语文改革

我对写作有偏好，因此，多年来对语文教学也非常关注。

中国语文教学是最失败的，教材和教学方法都存在很大的问题。在日常工作生活中，文采好一点的人太少了。小学生说不好话，中学生写不了信，大学生作不成文，此种情况比比皆是。

我曾经思考，中国人出生就学中文，学校也十分重视中文，各科教学都用中文，怎么中文就学不好，用不了呢？问题的症结究竟在哪里？

经过一番调查分析，我发现问题就出在中小学语文教学思想、语文教材和语文教学方法上。于是，我开始重视信息搜集，重视各家观点，注意语文教学大师、专家的观点和思路。

1991年，临漳县请北京语文特级教师高原、刘菲菲来讲学，我带人前去听课。我发现他们问题找得准，原因剖得透，方法选得好，效果十分明显，深受老师和学生的欢迎。我主动向他们请教语文教改方面的问题，同时谈谈自己的想法和建议。

我就语文教学的现状，以及给个人和社会带来的问题，做了一番分析，一开始就引起了他们的关注。他们建议我将改革思考讲得更详尽一些。这次交流，我表达了“三改”的想法。

一是语文教学思想要改。不要就思想讲思想，就政治讲政治，就道德讲道德，要文以载道，文道结合，防远防空，以传授知识为主。

二是语文教材、教辅要改。语文教材是又“多”又“少”，改革后要又“少”又“多”。所谓“少”，即主讲课要少，一学期不超过六课。关键是要讲深、学透、背熟，达到终生不忘之标准。初中、高中各36课，相加起来72课，改变过去狗熊掰棒子的教学内容和方法。所谓“多”，就是阅读课文要多，初高中一个学期30篇，三年下来初中180篇，高中180篇，相加360篇。这样下来，不但语文基础知识能够学多、学牢，而一定会出现“熟记唐诗三百首，不会作诗也能吟”的情况。

三是语文教学方法要改。不要追什么讲深学透，把朗读、背诵、欣赏、写作有机结合起来。突出朗读，加重背诵，以私塾之方，达深厚之力。

对此，两位专家频频点头，以示赞许。

多少年过去了，语文教学也在不断改革，在教材改革上逐渐接近我的观点。但是积重难返，整体上的教育改革难于进行，语文教学大改大革更不知何月何年了。

写作情结

我的专业虽是数学，但爱好文字工作，多年来写了大量的报告、计划、总结、简报，虽无成就，却也在当地教育界小有名气。文字工作最为辛苦，公文写作更是不得已而为，但也能在苦中寻乐。

早年主编《教师教学专论》一书，亲自撰写前三章内容，该书由中国教育科学出版社正式出版，得到了教育专家的赞誉，也深受教师的欢迎。

这本书出版以后，我本来想再接再厉，写不同学科的教学方法，包括如何教好语文，怎么教好数学、物理、化学等等。由于退休和身体渐弱，这样的事就不得不放下了。

工作期间还陆续写了一些小文章，其中《邯郸市初中物理教学走出一条新路》也产生了一定影响。

这篇文章的来由是这样的：1995年，物理教研员陈国祥从省里领回一项任务，要将邯郸初中物理的教改实验写成论文，送《物理教学》杂志发表。我对老陈说："这是件好事，由你来主笔，然后送省里修改就行了。"他说："省里的意见是他们不管，由你修改把关报送。"无奈我只好同老陈一道详细讨论题目、提纲和篇幅要求，然后由老陈动笔。

未想到的是，第一遍他写了20000字，空话居多，根本无法使用。我不得不与他进行第二次讨论。又未想到，第二稿除少了8000字外，修改价值不大。我不得不亲自上阵，由我口述，他来执笔。这样经过五个小时闭门创作，一篇4200字的论文就出炉了。

半个月后，全文登载在《中学物理》这一国家级刊物上。老陈没有听我的建议，将我的名字放在第一作者的位置，真是不应该。

后来成都一家出版社将此文收入《中华优秀科学论文选》中，要求压缩此文到1800字以内，于是这篇文章，由20000字到4000字，再到1800字，我在短文写作上也得到了锻炼。（原文附后，以供印证。）

退休之后有一些北京、上海的出版社、教育研究机构约我写文章，可能因为他们手中有一份全国教研系统的名册！

成就之因

岁月如梭，我的年纪越来越大，孩子们也都长大成人，独立谋生。

上世纪90年代，随着改革的深入，民营经济快速发展，长子带着三子下海组建了建筑队，次子下岗搞起了物资供应。四子研究生毕业，本可找个好单位，当上公务员，可他也去自己谋职业。一时间，孩子们都成了个体户。

四子当时的考虑是，如果在大城市当公务员，就无法解决成家立业的问题。在上海、北京买房买车，仅靠工资几乎是不可能的。但贪污受贿，触犯法律，一辈子都会担惊受怕。

现在看来，他们的选择，都是对的。

四个孩子除老四是南开大学经济系研究生毕业外，另外三个孩子都是中等学历水平，并未上过大学。改革开放是他们成功的天时，而善于把握机遇，奋力拼搏，才是他们成功的关键。

这些年我与很多朋友见面相聚，经常有人问我同一个问题："老李，你是怎么教育的，为什么孩子们个个都如此优秀，个个都这样能干？"赞说我是邯郸名副其实的教育家，希望能给大家分享教育经验。遇到这种情形，我总是笑而不答。一来觉得没特别可讲之处，二来讲了也未必对他人有什么帮助。

关于这个问题，我也曾反复思考。

首先是他们的基本素质好，这是成就的基础。这些素质包括生性聪明，有很好的思考问题、解决问题的能力。其次是从小受到磨炼，能吃苦，有韧性。第三是老实、忠诚、守信和善交朋友。

比如，诚实守信。房地产这一行太复杂了，涉及多个产业、多个部门和个人，事事要求人，稍有不慎，就会遇对头。由于他们坚持诚信为本，和谐处人，不吹嘘、不骄傲，敬着人走，沿着法规行，硬是走出了一条路。

种种思考，令我感悟：培养孩子要从实际出发，不要目标过高，不要与人攀比。孩子成不成事，与上不上大学没有必然联系，但基本素质要好。

这并非什么秘诀，却是实情。除此之外，或许有命运的安排。人生从大处看，都是命，都是运，从小处看也许有它的机缘，其中的奥妙，很难说个清楚。

1997年，我退休无事，常在沁河北岸看人算卦。当时算命的很多，时间一长，彼此都熟悉了。闲来无事，有的就主动提出给我四个儿子算算。

我提供几个孩子的生辰八字，让他们算算财运。他们经过你算、他算和群体算，算出这样一个大体结果：老大、老三，现在财运不济，但过六七年后就财源兴旺，日子好过起来；老二财运亨通，现在就过得不错，往后会更好。这些不过是泛泛之言，神奇的是关于老四的话。那时他还在大学读书，却被他们算出是财运大好，只要在有水的地方，就能大发展，大富大贵，甚至比老二还要厉害。

后来的发展证明这些预言都对了。老四读完研究生，本可以在一个好单位当公务员，走仕宦之路，可他偏不然，从天津到深圳，后落上海，在三个有水的地方，成就了一番事业。

助子发展

经过多年的努力，孩子们的公司发展到一定规模。2001年老大和他两个弟弟创建的房地产开发公司进入发展转折期。由于各方面准备都不够充分，不可避免地产生了一些混乱，出现了一些分歧。

兄弟三人合作，需要充分沟通和协调，我参与进来，起到了润滑作用。

为了孩子们的事业，在他们的一致同意下，我这个不懂经济，不懂公司的外行，开始涉足商业，对公司进行整体规划设计。为了能胜任，我开始重新学习，阅读一些经济管理方面的书籍和文章。

我发现，治理一家公司和治理一个单位一样，首先需要做好基础性工作。于是，我将重点放在公司基础建设上，包括股份安排、管理分工、组织结构以及不同职务的岗位职责。我根据实际情况，在很短的时间内草拟了一份公司章程，成为公司初创时的“宪法”。

首先是确定股份分配，明确个人股权。在他们原来商定的基础上，做了进一步的明确，老大、老二各占40%股份，20%归老三。

其次是实行董事会下的总经理负责制。老二任董事长，老大任总经理，老三任总监，我任公司总裁。在此基础上，每人分管几项工作。

然后是限定权力，集体负责。坚决反对独霸专行和一意孤行。重大问题实行按股份占有2：2：1表决，最后由总裁裁定。

基本规则建立起来后，就是具体的建章立制，规范运行。相继，董事会议事制度、管理制度和财务制度等都建立起来，使公司各方面都保证在制度的约束下运行。

为了落实这些规矩和规定，一是个人在公司章程上签名画押，二是奖惩分明。无论谁，只要是因主观行事造成的损失，就由个人赔偿，直至扣除一定股份。

由于我的出山，全局观得到尊重，规章制度得以实行。公司经过三年发展，赢利不少，开始做大做强。

家族企业有其优势，但发展到一定阶段，也会产生诸多弊端，分化往往是必然的。处理不好会给家族带来伤害。

对此，老大站在大哥和全局的立场上，决定退出公司，另谋发展。2007年，他和老三组建了新的公司。随着最后一次董事会的结束，我这个总裁之职也就不复存在了。

下面将当时公司章程附上，以为佐证。

公司关于前期若干问题的决议

2004年7月18日

一、公司办得好坏，关乎李家一切。李家的现在、将来如何，在此一举。公司只能办好，不能办坏。任何私心、权欲、骄横、松懈、乱来都是可耻的。各董事必须把思想和认识统一到这个高度上来。

二、公司股份，按约定老大、老二各占40%，老三占20%，并由以上三人和其父组成董事会。

三、董事会是公司的最高权力机构，父亲任公司总裁，老二为董事长，老大为董事（兼CEO），老三为监事长。

四、董事会对一切重大问题的决策，在充分讨论的基础上，实行少数服从多数，加总裁否决的原则。票权多少，按股份多少分配。即老大、老二各有两票表决权，老三有一票表决权。在重大问题上，一律实行投票表决。表决结果由总裁审核，决定取舍。决策一旦形成，所有人只有执行的义务，没有反对的权利。

五、董事会倡导并实行先进的管理理念，即奉公守法，开拓创新；知大知小，尊上爱下；分工负责，互为补充；竭诚奉献，不谋私利；尽职尽责，效益为上。坚决反对任何有碍公司利益和发展的不良思想和行为。

六、公司实行分层分工负责制。决策权在董事会，由老二牵头；实施权在管理团队，由老大负责。各董事在管理层中都要深入几个方面的工作，起督促、参谋、指导、保证的作用，对CEO和总经理负责。具体分工为老二着重融资、采购招标、拆迁方面；老大着重财务、工程招标、工程实施方面；老三着重人事、矿区项目方面。十万元以上工程拨款、工程采购招标以及签约等重大事项，必须实行董事会集体决策，任何个人不得自作主张，专断行事。

七、董事会内部要实行严格的奖惩制度。团结友善，开拓工作，对公司贡献突出的，要进行表扬和物质奖励。对自私自利，多报冒领，受贿，搬弄是非，不作为的，要进行批评谴责。特别是对谋私利而里勾外连，出卖公司利益的，要严加惩罚，一经查实，要坚决取消其在董事会、管理层中的一切职务，并罚收其5%～10%的股份。

八、每次董事会都要做好记录及记录的整理存档工作。记录及记录整理由老二负责，记录如实整理后，送各董事签字确认，存入档案。

九、此决议解释权在董事会总裁，自2004年7月18日起实行。

安享天伦

人们常说苦尽甘来。我这一生，儿时苦，青年苦，壮年苦，一苦苦了几十年，谁知到了老朽之年，种了幸福树，结出了幸福果。甘风拂面，整个人都沐浴在快乐之中。

回想起来，自上个世纪90年代生活开始好转，进入新世纪后，儿子们的事业蓬勃发展，我和老伴的生活也是步步升高，吃穿住用玩样样都达到了高水平。

先说吃，几乎吃尽各种美食。近些年来，孩子们尤其关心我与老伴的饮食，尤以大儿为表率。可以说天上飞的，水里游的，地里长的，树上结的，各地小吃名吃，很少有没吃到的。从烟台的海参到阳澄湖的螃蟹，从黑龙江的冷水鱼到海拉尔的小嫩羊，从长白山的狍子到太行山的野猪，从泰国的燕窝到新疆的各种时令水果，常年不断。各种饭店名菜大餐，北京、上海、广州、深圳、香港、天津、唐山……从南到北，多有品尝。最近几年，粮食污染严重，孩子们就通过自建菜园，供我们吃有机米、有机菜以及农家猪和农家蛋。

这些都是儿子们的孝心，而我和老伴则各有所爱。她爱野菜，我爱红薯、花生、玉米。粗茶淡饭更对我们的胃口。

其次是补，我们几乎尽享各种补养之物。社会上讲究营养补、药物补，孩子们为了给我和老伴健身增寿，也花费颇多。

穿也都是上乘之衣。我与老伴的衣帽、鞋袜，多是孩子们所买。品种越买越多，牌子越买越好，质量越来越高。许多衣服难得穿上几次，都压在箱底。

孩子多地置业，多处都有易居之屋。本世纪初，小儿自己买房前，先为我们改善居住条件，以好环境、好地段、好房子为标准。在邯郸买了一套163平米的住房，双卫双气，非常方便。之后，孩子们又在多地添置了许多房产。产权虽属孩子，但都为我们安排了房间。

我们也如候鸟一样，秋南下，春北归，冬寻暖，夏找凉。所到之处都是位置优越、建造高档、服务优良、绿化超常的名苑，大有已得广厦千万间之感。

上海的家位于浦东黄浦江边，晚上外滩夜景一览无余，各色灯光，花簇游船，江水波影，游人如织，真是生动如画，天上人间！青岛的房子绿化一流，错落有致。且可以登高玩山，望远观海。上海的另一居所更是风趣多多，不但深度绿化，而且百鸟成群。每天早晨天刚放亮，布谷鸟咕咕咕叫，喜鹊喳喳喳报喜，画眉鸟放音歌唱。还有许多不知名的小鸟翻飞、嬉戏、捕食、鸣叫，一派勃勃生机景象。

至于用具，也几乎样样皆为上档之器。近些年家中所用之物，电器、炊具、家具一应所用，进行了几次更新。

所玩也几乎都是趣味之品。麻将、围棋、摄影、游戏、书画、手饰等等，都在我们涉猎的范围。老伴坐飞机多有不适，所以多在国内旅游。名山大川、历史胜地、城市乡村，足迹遍及全国。2010年，孩子派专人专车带我们旅游，从西安到太原，从河北到内蒙古，又到东北，沿途20多天。我前两年还随团到日本、泰国观光。孩子们本来计划带我去欧美旅游，因我染病，未能成行。回来到邯郸住，我们更是自得其乐，她玩她的麻将、珠宝、照片；我玩我的电脑、字画、墨宝。各有其乐，消遣时日。

更何况，我已有一个21口之家，四世同堂。四个孙女、四个孙儿。重孙女也已五岁，能歌善舞，重孙儿也能玩iPad了。

凡此种种，不乐何为！

下篇

我的社会思考

近些年来，人们对信仰问题议论纷纷，一些人认为当今中国出现了信仰危机。我对此问题也十分关注，在留意相关报道，观察周围人信仰状态的同时，还学习和研究了与信仰有关的理论思想和历史论述。

经过多年思考，我有了一些较为清晰的看法。改革开放近30年来，在信仰方面出现了诸多问题。人们开始不相信许多事情。一些人身为共产党员，身为公务员，却贪污受贿、损公肥私，根本就没有了信仰。

信仰立身

近些年来，人们对信仰问题议论纷纷，一些人认为当今中国出现了信仰危机。我对此问题也十分关注，在留意相关报道，观察周围人信仰状态的同时，还学习和研究了与信仰有关的理论思想和历史论述。

经过多年思考，我有了一些较为清晰的看法。改革开放近30年来，在信仰方面出现了诸多问题。人们开始不相信许多事情。一些人身为共产党员，身为公务员，却贪污受贿、损公肥私，根本就没有了信仰。

人们信仰拜金主义，一切向钱看，置国家利益和人民利益于不顾，满脑子都是赚钱，导致社会风气败坏，各种弊端层出不穷。物质生活富裕起来了，却失去了精神支柱，内心变得空虚，没有了依托。

解决信仰问题，已经迫在眉睫。对此，我也有一些思考。

首先，要解决好党内信仰问题。少数共产党人不信仰共产主义、马列主义和毛泽东思想，入党不过是为了升官发财，口口声声马列主义，不过是为了掩人耳目，背地里拼命贪污受贿，行腐败之道。作为执政党，有必要加强党内教育，加强纪律检查，将党员中的败类清除出去，培养新生力量，健壮党的肌体。使党真正成为天下为公的党，为人民服务的党。

其次，要解决好国家信仰、民族信仰问题。党的信仰和民族、国家信仰不能画等号。中华民族的信仰是什么？这个问题争论已久，从历史上看，中国的信仰是孔孟之道、儒家伦理，辅之以佛教之理。“五四”以后，尤其是新中国成立后，传统信仰被丢弃了，以一种潜在的方式存在于民间。

我们知道，美国的主要宗教是基督教，信奉天主、耶稣；泰国的主要宗教是佛教；日本是日本化了的孔孟之学；而我们却对自己的宗教很迷茫。我认为，应该将儒教恢复为国教。将孔孟之道当成中华传统文化的主体。名不正，言不顺，到了予以正名的时候了。

中国严重信仰缺失，以前信仰马克思主义、毛泽东思想，但这些都只能是治国思想，而不足以统治人心，可以作为一种政治观，却不可以作为个人价值观。

将儒教当成国教是有其深层道理的。经历几千年，儒家已形成一个完整的体系，在民间有深厚的根基，只要加以发扬即可。当然，儒学中也有应加以扬弃的部分，应给以新的诠释，不断丰富和发展。

近30年来，中国信仰政策逐渐放开，各宗教得到了一定的发展，基督教、佛教信徒也逐年增加，人们有了更多的信仰出口。我们已认识到，无论是佛教，还是基督教，只要不是邪教，不被政治势力所利用，都是好的，是利国利民的。

真正的信徒是不会做违法的事、违反道德的事的。而一个国家有信仰虔诚的民众，就有了良好的社会基础，就能达成共识。因此，国家要提倡信仰。

道德信仰应该从小抓起。我曾去过泰国，那是一个典型的佛教国家，男孩早年都要在寺庙接受教育，要求积德行善。国家依靠佛教来管理人们的思想和行为。

中国未来靠什么呢？我认为要回归到传统，回归到历史，尊重孔子和儒家思想，并且要大张旗鼓宣扬。如果将儒教定为国教，就应该从小教育孩子学习儒家经典，将儒家经典列入中小学课程，就像中国古代私塾将四书五经作为教材一样。

有识之士对子孙后代充满了担忧，是有道理的。当下学校教育和家庭教育，都无法解决孩子的信仰问题。近期我和朋友一同去听了几堂道德讲堂，场场爆满，非常热烈，深深触动了人们内心信仰的心弦。

信仰问题既古老，又现实，既可上升到上层建筑的理论，又是实实在在的实践，关乎国家民族的兴衰，关乎个人幸福命运。信仰缺失了，就不可能有文明，不可能有和谐，就不可能有凝聚力，不可能有可持续性发展。因此，当前要组织力量进行研究，探索出一套信仰体系来。

道德立人

我在师专教过道德概论，习惯用道德思想、道德规范和道德评价方法去观察、思考和论说社会各种现象。

最近几年，我越来越多地感觉到，道德对国家、民族、家庭和个人的重要性。道德好，一好百好；道德糟，一糟百糟。

今天中国社会的道德状况如何？平心而论，不容乐观。种种现象引得众说纷纭。一些欧美发达国家，以及亚洲发展中国家，都说我们在这方面落伍了。

事实又如何呢？我们所见所闻，为官者不讲官德，贪污受贿、腐化堕落；为商者不讲商德，造假欺诈，一心为钱；

为师者不讲师德，不务正业，唯利是图，误人子弟；名人大腕更是为利所驱，不讲为名之德，为一己私利，随意代言，成为黑心商家的帮凶……素有礼仪之邦美称的中国，如今道德水平频频下降，让人心中不安。

此情此状，百姓急，政府也急，大家都在寻找各种解决之道。

一

我认为提高道德水平，必须吸取历史经验教训，提高道德建设的地位和层次。

自春秋战国到近代，统治者都将道德教化作为治国之本，倍加重视，不敢放松。政治、军事、农桑，三教九流皆以道德来规范和治理。汉代有“罢黜百家，独尊儒术”，宋代有“程朱理学”风行，就是以德治天下的典型。

历史上，德与法之间的关系，多有争论。秦始皇以法治天下，实施严苛的法度，权力高度集中，焚书坑儒，结果坟头草还没长出来，秦国就灭亡了，究其根本就是没有实施德治。

改革开放初期，邓小平提出“依法治国”，对此我是认同的，但从历史来看，更重要的是德，无论是个人修养，还是人事选拔，都应该是德才兼备，将德放在前面。

后来中央又提出“以德治国”，才将其补齐了，太平盛世都是德和法相结合的，德与法皆不可偏废，但总而言之应该是以德为基础。

社会没有良好的道德风尚，法便难以确立，法便不能实行。立法如林，执法无人，就会陷入怪圈，制定了也无法执行。

制定和执行法律的都是人，人的道德品质出了问题，法也就废了。相反，社会道德高尚，违法犯法会大大减少。唐代贞观之治，国家稳定，社会和谐，一年被执行死刑的才几个人，就是典型例证。

道德做人，道德治家，道德治国，法才能立，才能行。因此，无论国家、社会团体，还是企业都应将道德建设和个人修养放到重要的位置。

二

如何体现中国特色的道德伦理，是人们探讨和关注的另一个重要问题。忽略这一问题，就是对国家犯罪，对民族犯罪。

中国传统道德理论思想博大精深，无与伦比，但最关键的还是如何扎扎实实落实下来。

首先，政府要加以重视，各级领导、团体和企业都应将道德建设列入议事日程，言必说德，事必循德，并纳入社会建设的考核指标之中。

其次，要有整体的规划，在普抓普教的同时，列出重点，各个突破。先从为官从政的官德入手，反腐倡廉，通过编写官德规范等相关书籍，如《中国历代贪官》，将近年各种贪官资料纳入其中，作为反面教材，警戒官方和民间。

第三，调动一切舆论工具为道德建设服务。广播、电视、电影、戏剧、书籍、报纸、杂志、网络都以更多的时间和篇幅来大做道德文章。同时倡导民间道德法庭建设，将一些纠纷用道德法庭来审判，让那些不怕法的人来接受道德的审判。

三

发展经济并不一定以道德水平下降为代价。今天社会充满了污染，教育也被污染了，教育污染是人的污染，是最可怕的污染。各行各业都有人在讲大话、做假事，唯独教育造假是不能容忍的。教育是地方文化发展的基础，经济发展的基础。

“教”是知识的传授，“育”是道德养成，教育的首要问题是培养人。这些年，学校培养出来的学生，出现“两缺一强”状态，即缺乏爱国热情，缺乏道德修养，私欲贪欲过强。

道德建设要从教育开始，要加强大中小学道德教育，在师资上优先配置，教材重点编写，课时加多，严格考核，让学生一开始就接受良好的道德教育，奠定一生的道德基础。

学校道德教育，要改革教育内容和教育方法，不能用教条主义对待道德文化，方法要生动活泼，增加形象性、故事性。对校长、教师更要严格要求，要求他们成为学生的道德榜样。

教育是国家大事、社会大事、人类大事。其大在学生的道德教育上。

四

应该建立怎样的道德规范呢？到哪里去找这个“德”呢？还是要回到中国传统里去。以伦理道德为核心的中国传统文化，与西方道德有一定的区别，应该着力整理和研究。

据我观察，历朝历代打天下时，都批孔孟，得到天下治天下都要尊孔孟。清朝入关以后，皇帝也要去曲阜祭孔。原因何在？并非只是利用孔孟之道来统治汉族，来迷惑人，而是因为孔孟之道是立国之本。毛泽东鼓励学雷锋，纪念白求恩，这些东西本质上都是从孔孟之道来的。

在我看来，现在讲这个道理那个道理，基本原则早就有了。春秋战国时期，中国思想文化诸多方面都已成熟完备。以后历史上的改革、变法和革命，都未跳出这个圈子。因此，重新认识中华文化，认识中国文化传统，是国家治理的根本。

首先，我们要端正思想，对历史抱有感恩宽容之心，避免一提起中国传统伦理道德，就抡起大棒予以批判。孔孟思想，老子的《道德经》，都是中国传统道德理论基础，是国粹，需要继承和发展。

1986年我在师专给学生上道德概论课，曾看到一个内参，其中有一篇是日本专家讨论中国能不能实现现代化。有两种看法：一种是中华民族不可能真正实现现代化，彻底否定中国；另一种观点是，中国能实现现代化，但会付出很大代价，因为道德败坏，人的堕落。而根治方法就是中国领导人扛起儒教道德传统的大旗。现在看来，这样的预测和评判是有其道理的。

今天大谈民族复兴，所谓“复”就是恢复传统文化和文明。经济是发展而不是复兴。复兴应该是精神层面的，道德层面的。

但是我们也应该相信，道路无论如何曲折，无论多少人妄自菲薄，还是他人的肆意贬低，中国这个伦理深厚的国家，终将文明立世，再创辉煌。

政治立世

人生离不开政治，政治如影伴随着人的一生。一个普通人，关心国家内政外交，抒发个人见解评论，甚或参与其中，都是在过政治生活。政治对人的影响也是无处不在，无时不有，上达高官显贵，下至平头百姓，富至荣华富贵，祸至家破人亡、粉身碎骨，皆与各时代政治相关。

然而，政治的严肃性、斗争性和黑白分明的是非性，决定过好政治生活相当不易。政治是一个很大的课题，要悟透、讲透它，是很难很难的。因此，我常与人说“政治是非莫轻言”，也是有自己一番思考的。

个人的社会占位、思想认识水平低，往往无法分清政治的大是大非。1957年反右，有多少有识之士，“大鸣大放”大字报，评国之治，论党之是非，结果被扣上右派分子的帽子，蒙受了政治上的不白之冤。查其原因，除当政者“左”倾错误外，也与他们对政治认识肤浅，对当时形势判断的误差有关。如果这些“蛇”能将反右斗争本质看透了，认清了，就不会出“洞”了。也有许多知识分子，无论怎么动员，都不为所动，因为他们看清了运动本质，至少是心里没底而不轻言妄语。

因此，对政治是非的评判，占位要高，观察要透，认识要深。

此外，个人的利害、喜厌和情绪往往影响政治立场的选择。新中国建立后发生一系列政治运动，不断考验个人政治态度和政治立场，考验对政治是非的评判。当自己的亲属、朋友，甚至子女、配偶遭受打击伤害时，是否能跳出个人圈子，实事求是评价种种是非曲直呢？能者少而又少，不能者甚众。

譬如近30年来，从上到下都在批判“文化大革命”，重新评价毛泽东的功过是非。“文化大革命”肯定是错误的，否定它、批判它都无可非议，但带着个人、家族的恩怨来全盘否定，把毛泽东说得一无是处，也是不对的。

对毛泽东同志的评价，不是简单的人物评价，而是涉及党、国家和许多政治问题。在这个问题上，《关于建国以来党的若干历史问题的决议》是有定论的，连美国人写的《毛泽东传》都正言公论。他发动“文化大革命”的目的，主观愿望应该说是好的，反修防修，保持中国社会主义方向，只是运动初衷被扭曲了，过程也失控了，造成了严重的后果。

但是，一些文章专著却主观武断，以偏概全，过分夸大毛泽东过错，甚至连他的少年时代都加以贬斥。原因何在？因为利害所误，个人耿耿于怀的情绪在起作用。殊不知，对毛泽东的评价不是评价个人的问题，它涉及面很广，轻言不得。

对政治过于敏感热衷，喜欢冒尖，往往容易跌大跤，受大害。翻阅中国历史，特别是近代史，此类人物还少吗？他们与那些领袖和英雄不同，对一些重大政治方向只见树木，不见森林，抓其一点，不及其余，结果成为出头鸟，遭受惩罚和责难，甚至因此奔命、丧生。因此，对于政治是非，要沉稳，多研究，多思考，多观察，不能贸然而为。

此外，政治上盲从、信谣甚至传谣也会害人害己。此情况见诸历史也是举不胜举。譬如上世纪五六十年代，许多人对毛泽东由热爱、信仰、崇拜，继而发展到盲从，认为毛主席的话一句顶一万句，毛泽东思想放之四海而皆准，毛主席是神。继而在“文化大革命”中将打砸抢当成是革命行为，是正确行为。现在回想起来，大家都有许多遗憾，最大的遗憾就是事事盲从，缺少独立思考。

至于信谣、传谣，则是许多人的癖好，一些人以传播小道消息为荣为快，是不道德的，是犯法的，当然是不可取了。

政治无小事，政治铁面无情。在政治日趋民主化和大众化的今天，积极参与政治，关心国家大事是每个人的权利，但不能轻言政治是非，误国、害人、伤己。

重新思考所经历的这些政治运动，我悟出了几个道理：一是要牢记在任何情况下，不要参加帮派，坚守中庸之道；二是要牢记对任何人都不能盲目崇拜，人不是神，是人就有其弱点和局限性；三是要牢记不论在什么情况下，都要与人为善，多做好事，少做坏事；四是要牢记，对任何问题，都要多问几个为什么，理清来龙去脉、原因和目的，利在何处，害在哪方，不能糊糊涂涂拥护什么、反对什么。

择地立居

现在，有一股移民热，尤其是富裕阶层纷纷择地移民。对此，上上下下议论纷纷。

为什么中国一方面经济飞速发展，另一方面一些人却揣钱“西飞”呢？分析下来有几个方面的原因：一来是为了既得利益和财富安全；二是西方的生活环境优越，想去享受生活；三是西方教育先进，为了孩子未来发展。

这些理由看似很有道理，但却经不起剖析。

首先这些人凭什么移民？因为有钱？而钱是从哪里来的？都是在中国赚来的，是改革开放造就的。现在将这些财富转移到西方去，对国家是一种伤害。从目前的各种法律来看，中央一直强调保护私有财产，鼓励和扶持民营企业的发展。私有财产不安全之说，又从何而来？何况现在私有部分，对我们这个泱泱大国来说，不过是九牛一毛而已，又何必那么小心眼？

一些人对国家有各种怀疑，对未来有所应对。是一种猜疑，是一种短视。经过这么多变故，祖国走到今天，怎么能轻易改变政策？

西方生活环境的确比我们优越，但也有其烦恼和忧愁，去了国外，融到当地文化中是非常不易的。何况在他国当二等、三等公民，那种罪也是不好受的。人要有点气节。至于说什么自由、民主、人性等等，头脑清醒的人，都会有自己正确的看法。大不人性、大不民主、大不自由的是美国，是西方，而不是中国。

欧美教育处于世界领先水平，这是不争的事实。人们为孩子着想，送他们海外留学，利国、利民、利己，无可非议。

然而，许多问题要做具体分析，上世纪二三十年代，中国的优秀学子到西洋留学，无论是公派还是勤工俭学，都有一个明确目的，学习西学和文化，回来报效祖国。

然而今天送子留学，有多少是为国为民的？以前留学多是优秀的学子，现在呢？只要有钱，就送出去。结果不但是浪费钱财，而且不少孩子在西方那些垃圾大学染了许多坏毛病。

中国教育在师资、设备、教材多方面普遍落后，还越来越经济化和商品化。这种情况，现在已引起党和政府的关注，正在改革，我们应该对中国教育抱有信心。

我很欣赏陈立夫，离开大陆去台湾以后，就自我责罚18年，去美国养鸡。其间写了许多著作，包括对四书的研究，特别是对中西文化的比较和解读，他爱国，他忧民，他看重中国传统文化。

所以，作为中国人，还是家乡好，还是祖国好。祖国应该永远是择地而处的首选。

科学立业

改革开放取得了巨大的成就，这是有目共睹的，但也要看到所暴露出来的诸多问题。山西化工污染，冀南地下水污染，河北沧县地下水变红，全国各大城市交通堵塞，洋垃圾不知怎么进口的，地方乱拆乱建……近来，我对电视、广播、报纸等媒体所暴露出来的问题倍加关注，引发了许多思考。

我思考的一个问题是，这些发展中存在的问题，是不是可以避免呢？思前想后，我觉得问题的症结就是发展观不科学，放松了科学规划。

2003年中央提出科学发展观，这是十分正确的，具有很强的针对性。经过这些年的实践，其正确性、前瞻性得到了充分体现。中央将这一理论写入党章，作为党的战略思想，奉为中国共产党的指导思想，这是英明的、正确的。

科学发展观，口号易提，落实很难。仅仅谈在会上，讲在口上，写在纸上，是不行的。

而落实科学发展观，首先是要增强干部的科学素质，将科学性作为选拔任用干部的条件。引导干部头脑科学化，工作科学化，决策科学化。那些头脑简单、知一不知二，那些只懂局部、不知统筹，那些只讲今天、不说明天，那些只有自己、没有群众，那些只讲私利、不讲大义的人，决不能委以重任。

面对过去，要对改革开放以来发展不科学的问题进行一次认真的回顾总结。摆事实，讲道理，将问题的性质、危害、后果、原因找出来。

面对未来，要增强发展规划、计划的科学性。不能只讲市场，只讲速度，只讲要求，而否定计划、规划。市场经济也需要计划。不然就是形而上学，唯心主义。

今天京津冀地区的环境污染、水污染、空气污染，根本原因在于没有科学规划，各种小水泥厂、小造纸厂、小化工厂、小炼焦厂、小炼铁厂、小矿山，乱批乱上，到处混乱一片。又譬如汽车工业，近些年上了多少汽车制造厂，可谓汽车成灾。一二线城市，交通堵塞，尾气成灾。所以只讲汽车工业发展是不行的，要有计划，有统筹，多讲人性，多讲自然。

国家发展要规划，企业的发展也要有规划，政府不搞规划和计划，还要政府干什么？要考虑制定村、乡、县、地区、省市，直到全国的科学发展规划。将规划奉为纲领、法典。无论上什么项目，都要服从规划，科学论证。特别是小利大害、大利永害的东西，坏一方土、糟一方天、害一方人的发展，都要坚决抵制。

一些关涉到社会和环境的重大项目，都要坚持公示制度，以防长官意志，铸成大错，后悔莫及。譬如化工类项目，在中东部兴建，更是要慎之又慎，不要害今人，又害后人。河北环绕京津，有利于京津环境的多做，有害京津的要杜绝。

如今许多问题出现以后，处理多是轻描淡写，没有权威。应从严、从重处理，譬如毒奶粉、地沟油、伪药品，排毒放毒，盲目发展有害工业的企业，都要严惩。山西一个化工厂，污染了河北、河南、山西三省部分地区地下水，几千万人吃不上健康水，如此严重的问题，仅仅处理几个工厂人员，太不严肃了。应该追究地方主要负责人。水源地搞化工厂，做过科学论证没有，是谁批准的，谁就应该接受处理。

不仅是现实责任，还要追究历史责任。一个干部在一个地方，做了违背科学的坏事，造成严重后果的，不论他调到哪里，不论他官做到什么位置，都要追究，载入档案。现在的情况是，不仅处理轻了，而且过不了多久，就又重新录用。国家应制定专门法规，有关国计民生、性命攸关的事，有关污染环境、坏我家园的问题，要罪加一等，一票否决，永不录用。

现在看来，发展要慎重，要讲历史效果，讲多方面效应。同时，还要考虑可持续性问题、生活品质问题、子孙后代问题。

宽容立心

生活在社会中，人与人之间要不要比，能不能比，比什么，怎么比，是一个貌似简单实则复杂的问题。古今中外多有争论和反思。

人类的竞争性，决定了人与人之间就是要比，要分出高低、上下、左右来。这是人的本性。人的自然性特征决定了人的自私性。而这种自私是普遍的、永恒的。另外，人类的进步和社会的发展，也需要人们相互比较和竞争，没有竞争如何能有今天的社会文明？

道家老子等圣贤倡导清静无为，世界上各种宗教也都有与世无争之说，都是劝导人与人之间不比不争不斗，历史上许多文学作品，以及今天的电影、电视剧，都从不同角度宣扬不攀比的道理，但似乎效果甚微。世间有各种隐士和宗教信徒，但大多数人世俗化、社会化，生活在比较和争斗之中。因此，人与人不能不比，不能不争，家庭、团体、企业、国家之间也如此。比和争个人才能发展，社会才能进步。

既然人世间竞争是普遍存在的，那么，比什么，怎么比，就成了关键。譬如体育比赛，凡有害健康的项目，经历史选择，淘汰废弃；凡立项正规比赛的，都有比赛条例，都有规则。只有这样才能比出公平，比出健康来。

哪些比较和竞争是正当的呢？大体上要遵从这样几个原则：一要讲积极的政治原则，要利国利民；二要有良好的伦理道德原则，抑恶扬善；三要有严格的法律性原则，奉公守法。具体到各个领域，应该形成成文的条例和规则，没有规矩不成方圆。

改革开放给人们之间的竞争提供了充分的环境，人们可以放开胆子，甩开膀子大比大争。从早些年的万元户，到今天的亿万富翁，诞生了许多了不起的企业，也产生了许多优秀的科研成果。国力的发展，人们生活的改善，以及国家国际地位的提升，都为世界所公认和注目。

但是请千万不要忘记，人与人的竞争结果并非都是好的。俗语说："人比人气死人"，"人比人害死人"。多少世，多少代，各种攀比和竞争，也造成了各种恶果，引出了许多教训。偷盗、抢劫多比心所致，制假售假、贩卖地沟油、出售瘦肉精，也多是竞争所导致的行为。家庭中兄弟姐妹不和，父不慈子不孝，也多因攀比和争执而来。

因此，比和争不能不顾个人和企业的主客观条件。盲目攀比、胡乱竞争，一些人往往以己之长，比人之短，看到人家发迹，越比越生气，而不考虑个人努力、外部环境和机会等因素。

竞争和攀比有其积极性、进步性的一面，利国利民利己。但其消极性也易害国害民害己。要有所比，有所不比，弃贪欲而比。

商界净土

我晚年受孩子们之托，担任公司总裁的虚职。虽对生意涉足不深，却也多有感悟。

改革开放以来，我国逐步形成了市场经济的基本格局，极大地解放了生产力，政治、经济、文化等多方面高速发展。近20年GDP平均增长率达到10%以上，真是世所罕见，无与伦比。从某种意义上讲，“商”功莫大焉！

然而，我们也应清醒地看到，改革在释放人的积极性与创造性的同时，也过度刺激了人的自私和贪欲。加上发展经验不足，精神道德建设有所缺失，致使人们，特别是为商者，物欲膨胀，拜金横行。

一些人不但不讲诚信，使出传统奸商的浑身解数，还将西方恶商的本领移植过来，不择手段，不计后果，去牟取个人利益最大化。甚至连药品、食品等关系到国计民生的产业都不放过，假、毒、骗接连不断。难道中国商界黑了，中国商人的良心让狗吃了？

一些人惊呼：商界已没有净土！环境污染，道德蜕化。净土一天天被侵蚀，我们可持续发展的空间越来越小了。

物质欲望过剩，人就容易失去理性，也必然引发人的精神衰退。但是，作为对社会影响深远的企业家应该更多关注内心修养，为商业文明做出贡献，多讲人格，讲正义，讲慈悲，讲人性，让人们能够看到希望。舆论和媒体也应当因势利导，鼓励学界领袖和商业精英，组织商业伦理、企业道德的研究和研讨。

作为一个企业家，应该意识到，生命是有限的，财富不会永远属于自己，真正属于自己的是精神和声誉。人不能将赚钱作为唯一目的，而应当对社会有所贡献，敬天爱人，给后世留下好名声，同时搭建为他人为社会做贡献的平台。

第二次世界大战后出生的日本人，没有接受过系统的道德教育，没有善恶好坏标准，只懂得一味追求利益，导致日本社会道德水平下降，出现了许多许多问题，制约了社会发展。而中国自20世纪反孔以来，已有四代人没有接受传统道德教育，加上解放后前30年的反传统，后30年商业的侵蚀，中国目前的道德水平已经不容乐观。

问题虽十分严重，但也未到不可挽回的地步。

重振中国的商业道德，一个重要的途径，就是学习。鼓励企业家多读书，不仅要读经营管理方面的书籍，还要读中国古代先贤的书，要多读四书五经、诸子百家的书，让企业家头脑中不再仅仅只有金钱，而且还要有仁、义、礼、智、信。他们日常生活的追求不仅是美食、美女、珠宝，还要有人格、名誉、胸襟和志向。

我经常告诫孩子们，要做儒商，不做奸商。做人要能吃苦、吃亏，要学会尊重人，做事要懂法，要守法。这还远远不够，还要做一个有品位的商人，一个有道德修养的企业家。

这些年，我在上海、深圳、广州接触了一些商界精英，一些腰缠万贯的企业家。许多人爱书有加，手不释卷，公司里、旅行中，都利用闲暇时间读书。言谈举止多儒雅不俗，少商人俗气，多文人的雅风。他们过节度假不是忙迎送，攀关系，而是与家人、朋友一起轻松休闲，他们开始学会自尊自爱，懂得享受生活。

读书改变生活，倡导企业家学习，少一些暴发户的粗俗，成就一批新时代的商业精英，才能造就商界净土，大兴商业文明。

抑私立公

人的自私性与生俱来，是人自然性的一个主要特征。试图从根本上消灭人的自私性是枉然的、徒劳的。

自私性是一把双刃剑，有积极的一面，也有消极的一面。自私有制兴起，直到今天的资本主义，人类的物质文明和精神文明发展，从某种意义上讲，都是伴随自私性而来的。自私与私有调动人的生产、生活、学习等诸多方面的积极性，不断解放生产力，推动着社会发展前进。当前和今后一个相当长的时期，私有和人的自私性是必然存在的。只有科学合理发挥它的作用，才能推动历史前进。

新中国建立，实行公有制，从理论、路线、方针、体制、法律等方面，朝社会主义和共产主义道路发展，通过斗私批修，否定、批判、扼杀私有制和人的自私性。

革命经过20余年，不仅生产力停滞不前，物质财富薄弱，人民生活贫困，而且出现了政治分裂，党内分歧。改革开放30年，承认人的自私性，承认私有制，鼓励致富，解放了生产力，社会财富急剧增加，人民生活大为改善，国家地位也大大提高了，一派生机前所未有。

但是，从历史上，我们也能看到，由于对私没有节制和约束，任其泛滥，国家、民族、家庭乃至个人也是深受其害。大到侵略战争、资源掠夺，小到个人的制毒贩毒、贪污受贿、谋财害命、制假售假，一切社会丑恶现象无不由私而生。

那么，如何掌控人的自私性，使之受到规范和约束呢？

古今中外，人类的先进思想，各种法律典章，优良文化传统，各种道德规范，以及各种宗教活动，几乎都在扬公抑私，限制、规范人的自私。

任由私欲膨胀、泛滥，为官必贪，经商必奸，做人必坏。过于自私，就会导致父不父，子不子，兄弟成仇，姐妹结怨，夫妻离异，朋友断交。私，可有，但切不可过分、失控，任其泛滥。

如何努力将私欲控制在道德与法律允许的范围内，缩小贫富差距，进而积德行善，正当做人，是当今社会一大课题。一要加强学习，树立正确的人生观、公私观；二要遵纪守法，事事处处践行为公的社会道德；三要向社会各方面的先进人物学习；四要大兴“己所不欲，勿施于人”的做人原则，不侵害社会，不侵害他人。

诗以言志

说黄山

六旬游黄山，逞强直登攀。
路险石头怪，气喘流大汗。
客松迎我到，极顶眼大宽。
此山千般好，庙少缺神仙。

拜五台山

五台负盛名，佛灵几千年。
亲身历其境，的确不一般。
百姓信其神，皇家也卜签。
更加地势怪，炎夏看雪山。

思庐山

三人结伴九江行，看了这山观那山。
途中想起白居易，香炉峰处好盘桓。
世人都夸此山好，可叹也有悲剧演。
彭大将军遭劫难，为民请命受批判。

庐山再四首

（一）

楚都乘轮下江洲，喜欲欢快立船头。
此行尽观庐山景，更重觅古人风流。

（二）

人人都称庐山美，的确景观甲神州。

毛蒋坐镇龙虎斗，谁主沉浮遗迹留。

（三）

兴致勃勃登秀峰，瀑布生烟古今同。
忽想太白去何处，乘鹤已进玉皇宫。

（四）

苏氏三进湖口城，撰文还存史留名。
究竟山名哪个对，这说那说难敲定。

赏峨眉

巍巍峨眉神，多方呈奇观。
山状似兽睡，路险难登攀。
极顶云海怒，丛林猴呼唤。
更喜多寺庙，香味聚神仙。

登泰山

泰山首五岳，越登越神奇。
身心飘逸逸，日出舞紫气。
石刻历历目，难寻歌布衣。
可怜山工苦，有谁诵一曲。

歌九华

皖中九华山，神气代代显。
一行慎虔敬，心底默许愿。
我独喜唐松，孔雀开屏艳。
大师坐化奇，香客跪满殿。

喜唐松

一株唐松千多岁，生机勃勃仍浑然。
要问长得大不大，罩地足有两亩半。
长姿色彩又如何，活似孔雀开屏玩。
人问此宝家何处，大名赫赫九华山。

游普陀

五大佛山普陀奇，涛声鸟声和经曲。
香客游人潮水来，观音道场赛大戏。
出庙入庙敬诸神，精疲力竭懒话语。
几得老伴进香火，趁此小坐偷休息。

青岛行

宜居城市数青岛，我住福地太平山。
晨起漫步山顶上，下午溜达大海边。
兴致起时上崂山，造访松龄著书间。
不时也去放风筝，参与海鸥舞蓝天。

即兴

笔架山居，林中丛楼。
吊椅悠悠，闭目神游。
驻足山顶，放声大吼。
天下大道，老子领走。

怀乡

算算离乡五十年，不觉童颜变老髯。
梦中常现少小事，历历在目好兴欢。
年年回乡祭先祖，这变那变多新颜。
偶遇童友话往事，他说我说话没完。

佘山开心

儿买别墅在佘山，青山绿水鸟鸣欢。
院内河边把鱼钓，这鱼那鱼戏钩玩。
约来光勋夫妇俩，慢吃慢喝话从前。
回忆过去苦时日，更觉今天日子甜。

联想

秋雨连天下，惹我思绪翻。
童年多此状，曾沥四十天。
房漏炊柴断，家家冒蒿烟。
天象六旬回，多盼解干旱。

避寒暑

幼小看雁秋南去，嘎嘎叫号人字飞。
谁知我老学它性，秋来南方春北归。
避寒避暑气候宜，常年看绿赏花卉。
人问老翁居何处，邯郸深圳两来回。

偶思

自然规律最无情，人生趋老发霜染。
牢记李白诗一句，人生得意须尽欢。
吃喝穿戴量力为，开心欢乐最当先。
交友结朋随心愿，不拘一格学先贤。

又要添孙

忽闻小儿媳有孕，且是男婴壮孙行。
合家欢乐喜欲狂，我与老伴北行忙。
谁知还未到邯郸，她就晕吐飞机上。
买呀做呀忙几日，备好孙来物两箱。

附录

附录1：关于《教师教学专论》的几点意见

原中央教育科学研究所副所长、研究员滕纯

读了耿福生等同志编著的《教师教学专论》（教育科学出版社，1993年7月版）有以下几点意见。

一、针对性强。从本书看有两层意思：一层是随着九年义务教育的普及，教育事业在数量上有较大的发展，青少年入学机会均等问题基本解决，社会要求提高中小学校教育质量的呼声越来越高，家长和学生也要求享受高质量的教育，这是当前和今后一个时期中小学教育改革和发展的中心问题。本书的结果，正是适应了这一客观需要，对于中小学校长如何加强教学工作的管理和领导，教师如何教好课，提高教学质量，必将起到积极推动作用。另一层，社会、家长和学生要求提高教学质量，而目前的中小学校教学质量普遍不高，这就形成了尖锐的矛盾。为什么就近入学的办法推行起来有困难？为什么家长千方百计把孩子的户口转到教学质量高的学校附近？为什么出现了择校生现象？为什么花钱入私立学校？为什么重点学校一个班的学生有六七十人甚至高达近百人？皆因教学质量。要提高教学质量，关键是提高教师素质。而目前许多教师的素质亟待提高，许多教师缺乏教学理论素质，教学经验不足，教学信息不灵，教学效果不佳，与社会、家长和学生的要求有很大差距。本书针对中小学教师素质的实际情况，从教学常规、教学基本思路讲起，到具体的教学方法途径，对教师如何进行教学工作进行了全面、系统的分析，这样的事，肯定会受教师们欢迎的，对提高教师特别是农村教师的实际教学能力，会有很大的帮助。我在农村调查时亲眼见到，在偏僻的乡村和山庄的小学，对于只有一本教材而无任何教学参考书、极少有机会到外面观摩教学而又缺少教学指导的教师来说，如果手中能有本书，就不愁改进教学了。广大农村教师急需这样有针对性的书，而不是空谈议论的书。

二、实用价值高。改革开放以来，出了不少从理论上论述教学工作的书，如“教学论”一类的书。这类书大多比较抽象，结合教学实际不够，中小学教师不大爱看。我曾问过全国著名的实验小学的教师，他们反映有的教学论专著，部头很大，名词概念太多，不易理解，也不实用。与此同时，也出了不少集结教学经验的书，又大都是经验描述性的，缺乏理论上的点拨，教师看了感到不解渴，给人的启迪甚少，这本书在理论与实际的结合上下了功夫，在强调实用性的同时，又着力在理论上给予说明解释，使教师读后不仅知道应当怎样教书，而且明白为什么这样教，知其然而又知其所以然，“实用”但不“实用主义”。这反映出本书作者的优势——长期从事教研工作，既有丰富的教学经验，又有教学理论素质，善于将二者结合起来，写出的东西一看就与专业理论工作不同。

三、有时代感。本书不囿于经验之谈，而能站在当代国内外教学改革和教学理论研究之前列，注意吸取和借鉴当代教学改革理论成果，使人感受到强烈的时代气息。当代国外著名的教学流派及20世纪80年代以来我国中小学著名的教学改革实验成果，本书都自然而然地（不是牵强附会，生搬硬套）吸收到有关章节，运用得很贴切，易于广大教师理解。

四、中外古今运用得法。本书在阐述问题时，善于运用中外古今的资料加以说明，增加了知识性，说理比较透彻，可读性强。这也反映了本书作者的学识修养。

总之，我感到《教师教学专论》是一部好书，好在有针对性、实用性、时代性；好在理论与实践结合得好，既有理论深度，又有具体操作，不空谈理论，也不局限经验；好在逻辑严谨，文字简练，通俗易懂；好在有新念，例如第三章教好学必须掌握先进的教学思想，在谈论教学的书中，设专章来阐述这一问题是不多见的。

不足之处，可能是受本书的篇幅所限，有些问题展开似嫌不够，例如有些章节似可以加强一些，教学的基本含义，先进的教学思想，探索中的新教法简介，积极进行教研教改等。还有一点，本书在参考资料方面未加说明，如在书末附上一个参考书目，对教师进一步学习和研究是会有帮助的。

以上意见仅供参考。

（原载《河北教育》，1994年22期）

附录2：邯郸初中物理教学走出一条新路

——介绍初中物理“实验认知教学法”

李志 陈国祥

从1989年至1995年，邯郸市一些物理教研员和教师在省、市教研部门的支持和帮助下，对初中物理教学进行了大胆的、创造性的、艰苦的三轮实验研究，走出初中物理教学的一条新路，创造了“实验认知教学法”。这种新的教学方法，河北省教育科学研究所、省物理教学研究会，经过考察，一致认为，这项实验的方向是对头的，思想是正确的，方法是先进的，效果是显著的，具有很大的推广价值。

（一）

邯郸市一些物理教研员和物理教师为什么坚持数年，克服重重困难，在初中物理教学上大做文章？主要是随着教育、教学思想的转变，随着教学改革的不断深入，他们深感现行初中物理教学思想陈旧、方法落后、效果低下，极不适应九年义务教育和提高国民素质的要求。所谓思想陈旧，主要反映在三个方面：一是从实际教学看，违背实践——认识——再实践——再认识的认识规律。重理论轻实践的现象大量存在，能做的许多演示实验和学生实验也无法开展，至于学生活动，除了书面作业之外，动手实验几乎空白。二是教学中教师主导有余，学生主体不足，不是因学论教，而是因教论学，教师独霸讲台，很大程度上抑制了学生的学习积极性，扼杀了学生的学习兴趣。三是缺乏教育教学的全面观念，只重视书本知识，忽视学生思想道德水平的提高和全面素质的培养。所谓方法落后，也反映在三个方面：其一，注重教死书念死书，形成了学生念死书的习惯，不注重学生素质能力的培养。其二，注重演绎，忽视归纳，不重视从理论到实验，忽视物理现象和物理实验。其三，满堂灌比比皆是，启发式则极为鲜见，没有在教会学生学习上做文章。所谓效果低下，仍主要反映在三个方面：一是达不到大纲要求，就知识而言40%以上的学生获得的知识不系统、不深刻、不牢固。二是教师对物理厌教，绝大多数学生没有对物理引起兴趣、养成良好学习习惯。三是学生动手能力差，实验观念薄，就是一些学习努力、训练不错、知识扎实的学生，充其量物理知识也是片面的。调查结果表明，30%以上的学生在初二学习掉队。邯郸市一些物理教研员和物理教师，针对初中物理教学的这种现状，提出了许多问题，分析了许多问题，研究了改变这种现状的种种方案，决心改变初中物理教学的这种现状。

（二）

初中物理教学怎样改，改成什么样子？邯郸市物理教研员和部分初中物理教师组成教改小组。组织同志们认真学习教育理论和现代教学思想，对照初中物理教学现状，锐意改革，立志构建新的课堂教学结构，创造新的教学方法。经过七个寒暑实验，终于创建了具有现代教学意识、符合认知结构、能够满足学生的心理需要和体现初中物理教学原则的初中物理“实验认知教学法”。这种教学法的课堂教学基本模式是：观察实验，分析概括，实际应用。

一、观察实验。“实验认知教学法”把观察实验放在初中物理教学的首位，作为物理教学的基础，不仅具有理论意义，更具有现实意义，体现了物理学以实验为基础的思想，摆正了理论与实验的关系，也体现了从具体到抽象，从感性到理性的认知规律。克服了过去物理教学中存在的重概念轻实验、重结论轻过程、重理论轻实践的倾向。这样就把观察实验作为物理教学的信息，这个信息，可以是实验，也可以是数据，还可以是物理现象的再现。在整个教学过程中强调创设物理情景，用物理情景作用于学生的感觉器官，在学生头脑中形成表象，为归纳和认识物理现象的本质打下基础。为了改变过去物理教学轻观察、轻实验的问题，把观察实验在教学中突出出来，几年来，他们按照设计实验的科学性、可见性、可行性、趣味性，仪器使用的重复性，同一实验的多用性，以及重点验证抽象概念和现场教学的八项原则，设计各种实验308个。按照实验的不同目的和作用，归纳为趣味性、感知性、探索性、验证性、巩固性、对比性、深化性、应用性、模拟性、游戏性十种实验类型。这样，演示实验比大纲规定的增加了48个，学生实验增加了23个，新增的边讲边做的学生实验7个，大大加强了物理实验教学，从根本上体现了物理教学的特点，激发了学生学习物理的兴趣，加强了师生的双边合作，为提高物理教学质量打下了坚实的基础。

二、分析概括。这是“实验认知教学法”课堂教学的中心环节，也是学生形成物理知识的关键所在。如何在观察实验的基础上，使学生由现象到本质，由感性到理性，由概念到规律，形成知识，增长能力？他们针对过去物理教学的弊端，根据现代心理学研究成果及现代教学思想，创造了四步分析概括法。

第一步，激发思维。就是在观察实验的基础上，从观察实验中多角度、多层次向学生提出问题，发出疑问，引发学生思考。在这一步教学过程中，要耐心，要不怕多用时间，争取大多数学生思考或回答教师提出的问题，把学生的思维活跃起来，把学生的兴趣激发起来。

第二步，共同讨论。在学生对教师的设疑充分思考并有自己的结论的前提下，充分发扬教学民主，力争使每个学生都有机会发表自己的见解，展开同桌的、小组的课堂讨论。在这种讨论中教师应给予点拨，不要急于和轻易下结论，直到认识逐渐集中，学生初步形成物理概念或物理规律的“毛坯”为止。

第三步，抽象概括。经过讨论，学生有了物理概念或物理规律的“毛坯”，教师要进一步引导学生进行思维加工，培养学生抽象概括的能力。这一步也要在让学生独立思考和讨论相结合的过程中完成。首先教师提出要求，然后让学生思考讨论，以文字的或口头的形式进行表述，经过叙述、补充、再叙述、再补充……直到意思完整，没有科学性错误为止。这一步切不可急于求成，它是充分展示思维过程，是形成知识的不可缺少的阶段。

第四步，文字表达。为了让学生一丝不苟地掌握物理概念和规律，为以后学习打下基础，培养学生科学态度和习惯，把所学知识进一步规范化，在抽象概括的基础上，对学生进行物理概念和规律的文字表达的培养。这种培养，首先在教师指导下让学生用文字表达所学概念，其次让学生相互修改，再次同课本上的表达对照，找出异同、分析原因，最后教师总结，达到目的。

三、实际应用。按照认识论的原理，观察实验，分析概括完成的是第一个认识阶段，到此是不够的，还必须在实际应用中实现第二个认识飞跃，才能实现全部的认知要求，完成学习任务。为此，“实验认知教学法”把实际应用作为教学的第三个主要环节进行实施。这里的实际应用分为两种：一种叫作基础知识的实际应用。如解释一些简单的物理现象，解答一些物理习题等。这种应用按以下四个层次进行：

传授知识过程中的应用，形成技能中的应用，培养科学物理方法中的应用，养成良好态度和习惯中的应用。另一种叫作物理知识在生产生活中的应用。根据大纲要求和课程内容，这种应用分为六个方面：举出应用实例，懂得应用原理与应用过程，学会原理与应用方法，做好应用实验，进行实验的应用操作，了解综合应用的实例。在这些基本的应用中，培养学生的应用意识，养成应用所学知识去解决问题的习惯，提高学生解决实际问题的能力，深化基础知识的层次。初中物理“实验认知教学法”除重视课堂教学外，还重视课外教学活动。这是课堂教学的继续和补充，主要内容有：小实验、小论文、小制作，以及实地观察、课外阅读、问题研讨、学科竞赛等。

（三）

邯郸市初中物理“实验认知教学法”，从1989年开始，经过一轮试点，二轮扩大，三轮推广，七个寒暑的实验，充分显示了它的先进性、科学性、可行性和实效性，形成了一种完整的教学方法。从教育教学思想上看，它体现了教师主导，学生主体，目的是培养能力，提高素质，形成品德。从教学模式上看，它创造了实验设计的八项原则和十种类型，开展思维活动和排除思维障碍的四种方法，以及物理应用教学的两个方面、四个层次和六项内容，形成了三步课堂结构的基本模式，并编撰出二十万字的配套教案。从教学方法上看，它坚持因学论教，以教会学生学习为宗旨，强调了归纳，重观察，重实验，重动手，重实践，充分调动了学生学习的积极性。从教学效果上看，它空前地激发了学生的学习兴趣，大幅度提高了初中物理教学质量，培养了学生的素质。特别可喜的是，这种新的教学方法，与九年义务教育物理教学大纲、教材完全适应，解决了与其配套的教学方法问题。河北教育学院物理系和邯郸大学师资班，已把这种方法列为他们物理教法课的主要内容。

现在的家庭，是家族有史以来最兴旺、最富有、最幸福的阶段，应该千方百计加以巩固和发展，使之源远流长。

今天的中国，也是中华民族有史以来，特别是近代以来最强盛、最进步、最有生机的时期，应同心协力维护、建设和发展，使其万古长青。

上架建议：文学|散文

ISBN 978-7-5484-1590-9

定价：28.00元